U0016328

不能只有我看到！臺灣史上的小人物大有事

故事StoryStudio 著

推薦序：

奇妙的知識增加了！

黃震南

曾經參加一場臺灣史大老的演講，他幽默地說：「現在市面上有很多臺灣史的書，但是都有共同的缺點——他們寫的我都已經知道了，我不知道的他們都不寫。」當然，這只是演講時作為調劑的小笑話，不過也點出一個思考方向：臺灣史，還能怎麼寫？

對於將歷史知識轉譯為「史普」文章的創作者而言，如何選擇題材、角度怎麼定位、用什麼口吻、要裹多厚的糖衣讓大眾易於入口，又要在一整排「臺灣史地」的書單中脫穎而出……其頭痛程度，絕不亞於書寫期刊論文。

而這本《不能只有我看到！臺灣史上的小人物大有事》，則在現今坊間眾多臺灣史普讀物中，作了一次亮眼的示範。它由「故事」團隊集思廣益，分工合作；比起單打獨鬥，團隊成員間史料與知識的互通有無，使得內容的深度與廣度在敘述時顯得更游刃有餘。本書專注於描寫庶民史，由小見大，這些小人物像是一根針，將歷史的屏障戳破一個洞，讓我們能夠窺見隱藏在幕後的精采風景。

由於本書題材繁多，各種資訊我也未曾全部涉獵，在此僅對書裡一二篇章做小小補充。

第一章〈當住在這裡好久的我們，突然與「國語」相遇〉，提及國語政策的推行，事實上原住民的「國語政策」一直是當政者視為政績的項目。我在收藏日治時期旅遊宣傳單時，就注意到日本人來臺灣玩，老喜歡往桃園角板山跑。角板山在今天不算是非常熱門的觀光景點，為何在當時是旅客必遊行程？第一、角板山離臺北較近，仁者樂山不必遠征南投或嘉義。第二、角板山上有製茶場，參觀工廠又可品茗。第三、角板山上有原住民，體驗南島文化不必去帛琉。第四、角板山上有蕃童教育所，教育有成，長著南島民族臉孔的兒童開口講日語，往往能讓日本觀光客大吃一驚。所以說，原住民的國語政策成績，居然也推了觀光一把。

到了戰後，國語政策鋪天蓋地逐年勒緊，一九六三年教育廳頒布《臺灣省公私立小學加強推行國語注意事項》，明訂推行國語成為校長考核教師年終考績之一，而學生說不說國語，也影響到其操行成績。一九六六年臺灣省政府《加強推行國語計畫》實施辦法第一條：「各級學校師生必須隨時隨地使用國語；學生違犯者依獎懲辦法處理」成為處罰依據。因此根據粗略調查顯示，在一九六〇年代中期之後就讀小學的人，「講方言」要罰錢、掛狗牌處罰的經驗最多，直到一九八〇年代後才漸少。八〇年代末雖已解嚴，臺語影視、歌曲也大為暢銷，但當初被處罰的學童也變為年輕父母，小時候被植下的毒素終於發酵，形成不跟子女講母語的一代，造成本土語言今日的危機。

此外再補充第四章〈回到一百年前，口沫橫飛「說」電影〉的一個小細節：美臺團有團歌大合唱，直到一九三三年才實現，並非一九二六年剛開始巡迴演出或一九二八年改名「美臺團」時即有。根據蔡培火在一九三三年三月九日的日記記錄，是他從臺中回臺南的路上，在車中完成美臺團的團歌。順帶一提，當時並不是稱為「電影」，而是借用日本漢字「映畫」，在蔡培火日記中亦有「活動寫真」之講法。

蔡培火是蠻有寫歌欲的。一九二九年，臺灣總督府公布了「臺灣歌謠」的徵歌比賽作品，蔡培火雖未投稿，但在四月十五日的日記這麼寫著：「總督府所募集了的臺灣歌謠，攏無通到偌好。自月初就想也愛家己做一塊看，詞佮曲到今仔日才攏做好。」（臺灣總督府所收集的臺灣歌謠，都沒有很好。從月初就想要自己也寫一首看看，詞曲到今天才全部做好。）

你看看這人多傲嬌，辦了比賽你不投稿，公布成果才在那邊嫌。不過蔡培火還是挺有實力的，這一天所作的歌曲〈咱臺灣〉，是他一生在抗日運動、臺語教學都落空之外，讓後人最常提起、歌詠的遺產。在一九三四年古倫美亞公司還曾請歌星林氏好灌錄成唱片，成為流行歌曲。據說過去許多海外學子，在聚會時都要合唱這首歌，隱隱有「臺灣國歌」的味道。

以上算是我讀完這本書補充的小知識，期待讀者也跟我一樣，讀完此書，能露出「奇妙的知識增加了！」那種表情。

本文作者為活水來冊房版主／文獻收藏家
／《臺灣史上最有梗的臺灣史》作者

推薦序：我們該如何去憶起這塊土地？

陳𤆬

讀研究所第一年，我和幾個朋友曾有過一個寫作計畫。那年我們驅車前往南澳鄉，找到透過朋友介紹而牽上線的泰雅部落，開始一連串如今看來十分凌亂的田野調查。計畫十分不成熟，但前前後後也訪談了不少部落中的人們，從國中生到八十多歲的耆老，每個人口中的泰雅部落，有著各自不同的面貌。當時憑著一股熱情，陸續去了好多次，但因為諸多問題，最後一直沒有把這份寫作計畫完成，心裡有很多遺憾，也很愧對當時受訪談的朋友。在推薦文的開頭特別提這段往事，是為了我在剛翻開書稿沒多久就看見的那個名字：莎韻·哈勇。

如書上所言，泰雅族命名採連名制，子女的名字後面接上父親的名字。關於這點我印象很深，那年在泰雅部落酒後，部落的朋友們一時興起，給了我們這些「白浪」（漢人的意思）每個人一個泰雅族名字。我記得我的名字是「尤勞」，他們說那是勇士的意思，因為當時我身體還算強健，手腳比一般漢人粗壯，所以部落的朋友就給了我這個名字。後來在路旁遇到另一個醉酒的老人（其實我也不確定他有沒有喝醉，現在想來極有可能是我醉了），他問我爸爸的名字，我回他台語，他卻以為我是部落裡的人，就幫剛得到的泰雅名字「尤勞」

的後面添上了我父親的台語名。

扯遠了。我想說的是，在讀這本書書稿時，見到莎韻的名字，瞬間讓我想起那年的事。我記得我們還找到了莎韻家族的後人，在部落朋友們說起來，莎韻就是一個有名的人，說起南澳的故事，是繞不過這個名字的。

莎韻是日本人造出來的神話，當地的朋友也是這樣告訴我的。但撇開這些不談，當時聽南澳的人們聊起莎韻，卻觸動我心裡另一個很幽微的企盼。我只是在想，當人們問起我的家鄉，我又會說起什麼呢？

很多年以後，我到日本三鷹縣去亂走，偶然經過一個小展場，當時無聊，就踅了進去。雖然看不懂日文，但憑著零星漢字，我也弄清楚了這是太宰治的紀念展。展場的負責人是位中年男子，他很熱情的用有點生硬的英文跟我們解說為何要設立這個展覽。三鷹與太宰治的關係十分密切，我記得在展場中有幅地圖，仔細標明了那周遭的每個地點，告訴我們太宰治曾在那裡做過什麼、寫過什麼，包括他最後跳河的位置。

地圖在眼前展開，城市、歷史與我們的身體瞬間密不可分，那人走過的路，我們如今也在這，歷史是一條淵遠流長的河，沿著時間的方向滾滾流去。

回到臺灣後，我又回想起好多年前的那個念頭。

好需要故事。我說的是我們的家鄉，我們好需要家鄉的故事。

當然，關於臺灣的故事我們不是沒聽過，可是不夠多，不夠多到極為不合理。過去我們受了那麼多年的教育，教材裡也確實有了不少讓我們「認識臺灣」的內容，但那總是有些稀薄，我的意思是，當我們確切意識到自己生於斯長於斯，那麼我所踩踏過的每個路口，這土地的每一寸，都應該有著密密麻麻的足跡。

而我國中時的老師曾告訴我：臺灣不過四百年歷史，那文化太淺薄了。

這句話背後通常對比的潛臺詞（好吧其實也沒有多「潛」，我也蠻常聽到這說法）是「中國歷史悠久，那才叫博大精深」。

當年我也一直這麼以為，這個以為存在了太多年。後來我有幸能在成長過程中發現這個思維的荒謬與破敗，但我同時也感到焦慮——是的，如果沒有那些經歷與衝擊，我可能如今還是認為我的家鄉臺灣，是一個沒有文化的淺根之地。

歷史的血肉要能被一點一點填滿，回到「人」身上好好說個故事，應是個好主意。我說我們需要故事，其實是需要知道那些過去的人們是怎麼樣活在這塊土地上的。

我到政大讀研究所那年，一個朋友給我看了一個影片，是屏東的排灣族頭目林廣財到政大演出的片段。林廣財的歌聲就是那種標準的，聽了會頭皮發麻的歌聲。我可以選擇用蒼涼、渾厚或其他字眼來形容，但這些字眼只能描述出歌聲的屬性，卻無以道出那聲音的特殊性。

屏東縣，是懷念的故鄉。瑪家鄉，涼山村的小姐啊，我愛你。

多年以後，我一直記得這歌詞與旋律。那時看影片是某個喝啤酒的夏天，我也就把這歌和夏天的味道都混雜在記憶裡了。然而，即便是沉浸在這樣的感動裡，我不禁還是會去想：我所記得的終究是國語的歌詞，至於後來林廣財用族語演唱的部分，我只能記得那渾然的衝擊，已不能依賴語言作為記憶的工具了。

身為一個漢人，我終究無法用血液去感受那些。林廣財的歌聲讓我想起多年前關於土地與歷史的思索。雖說可能有點不類，但當泰雅女孩被洪水奪去性命，而名字被用日語刻在石碑上的時候；當排灣族頭目在校園裡唱著國語的涼山情歌，呼喊自己家鄉的時候；當臺灣的知識分子一如我，用中國的詩詞歌賦喚醒或安頓自己心緒的時候。這些似有一點點像吧，也許是我想多了。

而我們又該如何去憶起這塊土地呢？

以上是我在讀完本書書稿之後，心裡興起的幾段往事。本來我一直在想推薦序要怎麼寫，但寫來寫去，感覺還是選擇用這種隨筆式的書寫最合適。我一直認為挖掘歷史材料的過程有種美感，像是更古老的時候，人們在拼湊天上的星星，也試圖說過好多簡陋而美麗的故事。

歷史的材料散落在人間，有心人去撿拾，攤開卻又星羅棋布，未知有什麼樣的規矩或次第。但這個人間好玩的地方也在這裡，所以我說其實我們真的很需要故事。

仔細想來，這本關於臺灣的故事書編起來，也就是一片屬於這島嶼的星空了。一個一個又一個，人與事、土地與時間，由此慢慢去堆疊，我們會更加有力氣去思考這裡的輪廓如何，過去如何，未來如之何。

畢竟認與識，對我來說一直都是一個極為漫長的過程，也可以說沒有確切的盡頭。僅以此文獻給那些臺灣歷史上的小人物們。

陳栻

辛丑年春夏交　寫於嬰兒啼哭後翠谷街萬川映月書齋

本文作者為與點堂創辦人

導言：這一次，輪到背景角色出場

胡芷嫣

一本書的誕生從來不容易。一如天下所有「新手上路」的家長，對本書作者和編輯群而言，在九彎十八拐的出書旅程中，最叫人煞費苦心的環節，不是別的，正是為書籍取一個響亮又意義深遠的好名字。

在「臺灣史上的小人物大有事」拍板定案前，長長的遺珠之憾清單，見證了我們的萬般糾結：「臺灣史上沒有面孔的人」、「臺灣史上失去名字的人」、「臺灣史上的無名氏」、「臺灣史上的小人大事」……這些最後被忍痛割捨的名字，有兩個共同的特徵：「臺灣」以及「人」。

很顯然，名字取得再怎麼眼花撩亂，最終我們想講的，都是關於生活在臺灣這座島嶼上的人們的故事，而且還不是名人、「大人」，而是小人物。

為什麼呢？這就需要說明書寫此書的另一個初衷：為面臨一〇八課綱調整的中學生，提供一本深入臺灣歷史的指南，以「人的故事」為星辰，在茫茫蒼穹中，定位出可以指認、記憶的座標。因為，說到歷史，我們最初的印象難道不是一個個由「人」組成的故事嗎？是那些讓人聽得不可自拔的故事，引領聽眾走入過去時空的層層肌理之中。我們是先認識了人，才去了解這個人所身處的時代。課本上的兩三行印刷字背後，藏著的可能是數百、數千人的齊聲吶喊。一個被印在書頁上的名字，背後或許牽連著無數環環相扣的際遇和生命。

這本書嘗試說出那些，或許在課本上讀不到的故事，那些站在時空恢宏背景中的角色的故事：一個在第二次世界大戰後滯留臺灣的日裔家庭，見證日本在臺殖民與改朝換代後的白色恐怖；一位從學徒工成為頭家的造船人，翱翔在當年「愛拚才會贏」的經濟起飛榮景；一條盈滿香料奶茶香的街道，住著千里迢迢來到臺灣，卻再也找不到家鄉的緬甸華僑；一群放不下畫筆的藝術家，以顏料色彩執著刻畫時代；還有，一個上吊自殺的女鬼，映照出成群歷史上不幸女性的魂魄。

這一個個人或人群，他們曾經沒有面孔、沒有名字，就像歷史長河中的紛紛碎片——直到我們彎腰拾起，吹吹灰後，舉高在陽光下。

假如我們從一九九七年，第一冊臺灣歷史課本《認識臺灣》算起，學生和大眾開始系統性地認識臺灣史，正走向第三個十年。歷史撥雲見霧一向是個緩慢的過程，從那一冊獨立的臺灣史教科書開始，我們讀到越來越多臺灣歷史舞臺上的要角。或許，現在是時候稍微把眼光轉向那些站在陰影中的角色，聽見那些同樣活在時代中的芸芸眾「聲」，理解歷史的多重面貌。

本書從「故事 StoryStudio」網站五千餘篇文章中，由故事團隊優秀的編輯廖貽柔根據一〇八課綱，精挑細選出二十篇精采文章，接棒交由十四位作者重新改寫、潤飾，集眾人之力，成眾人之事。最後，本書也如實呈現每位作者不同的筆調與觀點，它們層次豐富，既多元又和諧，正如一支歷史的交響曲。

期待這本書是一個起步，在往下走的過程中，能牽起更多小人物的故事。其中，或許也會有屬於你的聲音。

本文作者為故事 StoryStudio 主編

目錄

第四部　藝文：舞文弄墨，也有你不知道的眉角

第五部　信仰：神鬼傳奇，藏著的都是人心

作者群像：
讓我們齊聚一堂，說說這座島嶼上人們的故事

吳亮衡

國立政治大學臺灣史研究所碩士，故事StoryStudio業務經理。憑藉對理想世界的執念，遇到對的價值，就會想要拚盡一切地維護這種得來不易的浪漫。最大的目標是把眼前看到的、身邊使用的、甚至是精神上習慣的臺灣史寫成有溫度的尋「臺」故事。

許伯瑜

臺南藝術大學藝術史學系畢業，現職故事StoryStudio專案管理。曾任臺灣歷史博物館《觀．臺灣》季刊編輯助理、陳澄波文化基金會「名單之後：臺灣近代美術史的Missing Pieces」寫作計畫作者之一。藝術史與博物館作為生命中不可或缺的靈糧，希望能透過自己微小的力量，為這塊土地挖掘更多湮沒於時間洪流裡的有趣故事。

廖貽柔

廖貽柔，國立臺灣大學歷史學系畢業，現為故事StoryStudio 執行編輯。書寫是為了抵抗遺忘。

王政文

國立臺灣師範大學歷史學博士，現為東海大學歷史學系副教授兼系主任。研究領域為臺灣史、臺灣社會史、臺灣基督教史，主要探討社會網絡、改宗歷程、身分認同等相關議題。著有《天路歷程：清末臺灣基督徒的改宗與認同》《臺灣義勇隊：臺灣抗日團體在大陸的活動（1937-1945）》等專書及論文多篇。

施政昕

鹿港人，東吳大學中文所碩士。研究興趣很雜。肚子餓的時候對生命茫然，喜歡各色受享但感官遲鈍，沒來由地害怕死亡。關心負心漢如何發誓，花言巧語如何構成、被負棄的人如何伸冤、自贖，更好奇以山盟海誓譴責負心是否有正當性。

林于嫒

國立臺灣大學歷史學系碩士在讀，來自港都高雄，家族跟船有著緊密的牽絆。自小在船廠與港邊望著來來去去的大船，卻有治不好的暈船毛病。為了追隨家人的步伐，彌補關係中的缺憾，踏上臺灣民間造船史的研究之路。

徐祥弼

徐祥弼，曾任共生音樂節總召，國立臺灣大學歷史學系研究所碩士在讀、臺灣歷史博物館館刊《觀．臺灣》助理編輯。

紀博仁

國立臺灣師範大學臺灣史研究所碩士在讀，大甲囡仔，拿粉筆會過敏的老ㄕ，打開論文會睡著的研究生。立志一生不斷地與怪物戰鬥，但又小心不要成為怪物的人。

洪健鈞

暨南大學中文系畢業。愛山之人，不時循著日語「片假名」舊跡探訪部落，為原住民耆老喚之「洪さん（kou-san）」；近期著迷於ピヤナン（Piyanan）古道「松嶺一霧社段」的遺址踏查。

陳韋聿

國立臺灣師範大學歷史學研究所碩士，現於新媒體公司「臺灣吧 Taiwan Bar」擔任研究員。一個老記不住事的說故事者。

林中台

國立臺灣大學政治系畢業，現為餐飲業負責人。從小與書店有不解之緣，家中曾開過漫畫租書店，上大學後又到過二手書店工作，數年之間因緣際會，收藏不少1950～1980年代的文史資料。一方水土養一方人，一本舊書也象徵一個世代，期待臺灣人牢記過往來時路，共同展望美麗島的文化新未來。

馬國安

柏克萊加大亞洲研究碩士、香港中文大學中國研究博士，現任教於紐約大學上海分校。曾參與「數位典藏與數位學習國家型科技計畫」，擔任田野資料蒐集、訪談與研究者，研究專長為近代東亞圖像與文化史。目前專注歷史圖像的數位人文學研究，著有《臺灣攝影家：彭瑞麟》《臺灣攝影家：劉安明》等書，作品散見「意象．台灣」與「故事 StoryStudio」。

陳力航

宜蘭人，政大臺史所碩士。專長為日治時期臺灣醫療史、日治時期臺灣人海外活動史。現為「故事 StoryStudio」、「黑色酒吧：怪談奇聞集散地」作者群之一。著有數十篇歷史科普、非虛構文章，與他人合著《圳流百年》、《黑色怪譚》。除寫作外，亦從事歷史桌遊、電玩、漫畫、教學網站、紀錄片的考證與田調。

李盈佳

國立臺灣大學歷史學系碩士，第七屆鄭南榕研究論文徵選優選，現任職於財團法人陳澄波文化基金會。希望同樣身處資訊爆炸時代的大家，能夠從容面對種種資訊，具備辨析真偽的能力，以及在思考的過程中成長。

臺灣歷史時間軸

這些故事在時光長河中刻畫的印記

第五部 信仰

3／浴火重生的將館，以及將魂永存的家將們

4／反映傳統女性不平待遇，林投姐的兩種結局

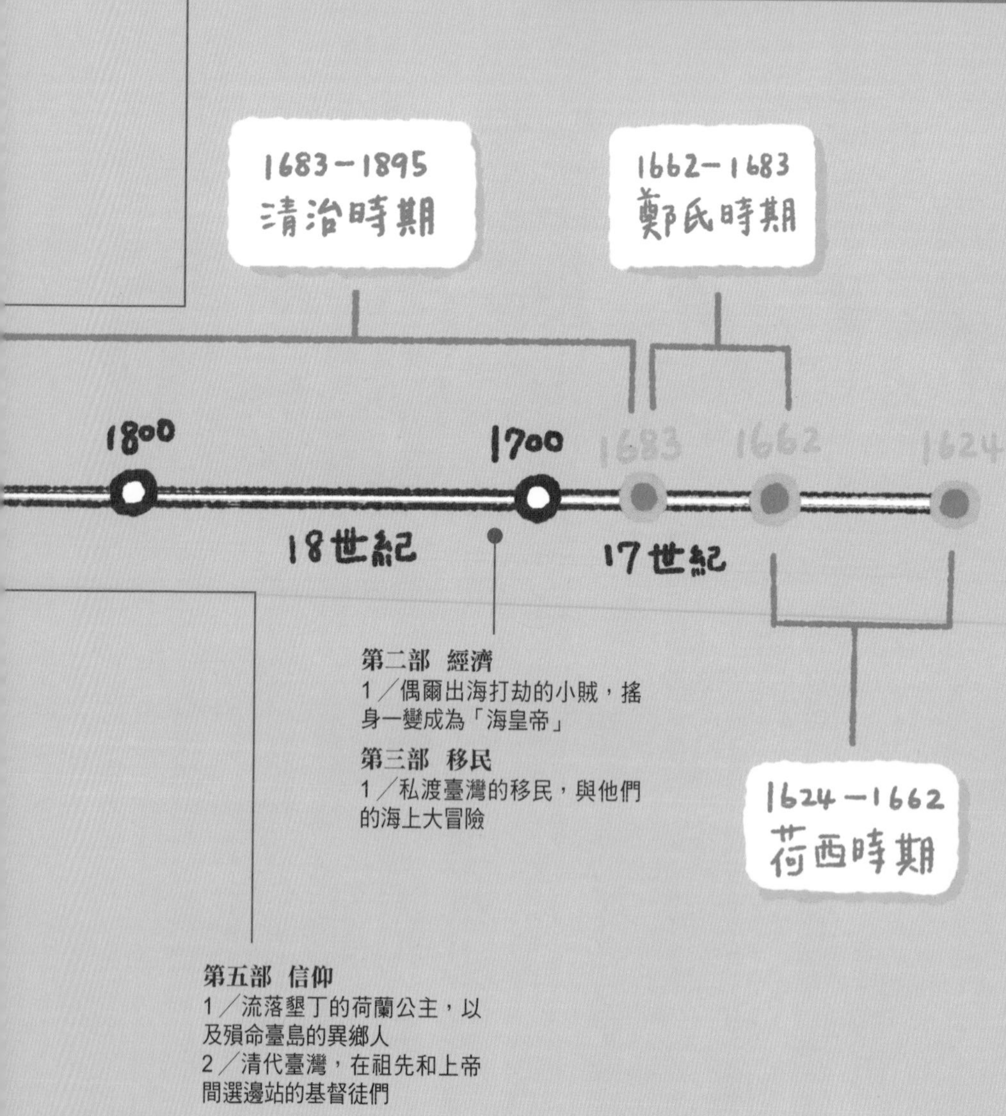

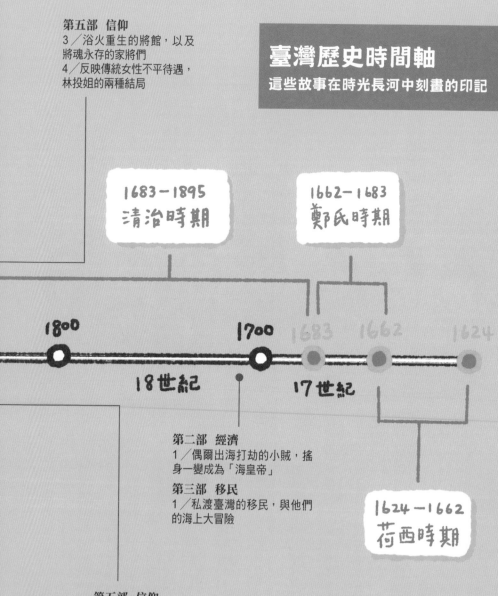

第一部　政治
2／當住在這裡好久的我們，突然與「國語」相遇
3／二二八事件後，定格在泛黃報紙中的生命
4／經歷霧社事件，走過二戰與白色恐怖的下山家族

第二部　經濟
3／戰後初期的臺灣農民，手中的稻米何去何從？

第一部　政治
1／日治時代，那些被寫進課本的「愛國」少男少女

第三部　移民
2／烽火下的軍夫軍屬，被埋葬於時代的喧囂中

第四部　藝文
2／無論國旗怎麼換，都放不下畫筆的藝術家們

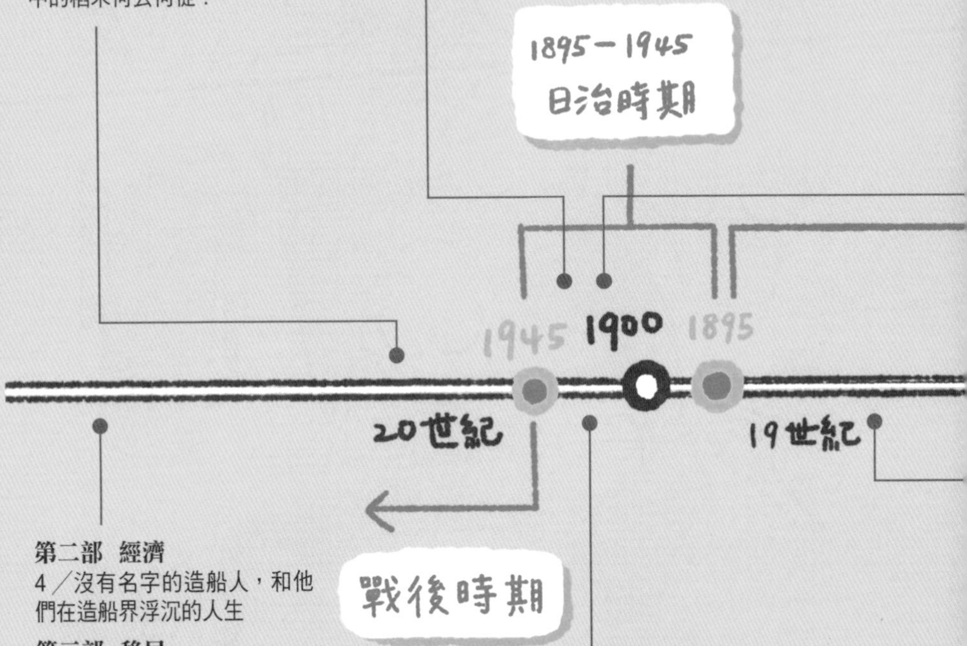

第二部　經濟
4／沒有名字的造船人，和他們在造船界浮沉的人生

第三部　移民
4／「香料奶茶」茶香中，失根的華新街住民

第四部　藝文
4／本土超級英雄，以及對抗「魔鬼黨」的硬頸漫畫家們

第二部　經濟
2／那些年，齊聲向慣老闆 SAY NO 的勞動者們

第三部　移民
3／太陽旗下，那些投奔新中國的臺灣人

第四部　藝文
1／回到一百年前，口沫橫飛「說」電影
3／如果一九四〇年代有臉書，當代文青都在哪打卡？

第一部

政治

從前從前，
被命運所左右的人生

1 日治時代，那些被寫進課本的「愛國」少男少女

作者：吳亮衡

從小接受義務教育的這一代，肯定對於「課本」一點也不陌生。勤學的學生在上頭作滿了筆記，認真的學生則在裡面貼滿了標籤紙。而在有才學生的揮毫下，課本再也不是死氣沉沉的教科書，變身成為創意爆棚的作品集。

但很少人想過，許多「魔鬼」藏在「課文」中。現代許多老師雖

然會在課堂上增加多元的課外補充，但各科課本仍然是最重要的教學工具，也決定了教學主軸與方向。拿國語和歷史課本來說，課文的編排、撰寫內容就藏著大大的玄機。看似單純傳遞知識的課本，卻可以從內文的篩選到架構的編排中，嗅出某種特定的政治框架，又或者可以說是傳遞統治者「史觀」的最佳媒介。

我們就把時間拉回日本殖民統治時期（以下簡稱日治時期），來談談真實存在的一對少男、少女，是如何被編入當時的課本，背後又有什麼淒美的故事。在進入故事之前，先簡單介紹一下當時的時代氛圍。

一九三六年九月，臺灣第十七任總督小林躋造提出了「皇民化」治臺方針，這有兩種意涵：一是臺灣總督再度轉為武官，二是在前幾任總督力推「內地延長主義」的基礎下，小林總督開始思索如何更有效地讓臺灣人「成為」日本人。

隨著一九三七年中日戰爭開打，皇民化運動也加快了腳步。殖民政府除了更加用力地推行「國語」運動①外，也禁止報紙的中文欄、廢除學校裡的漢文課，以日本神道取代殖民地原有的宗教，推行海陸軍志願兵制度、皇民奉公會等。

在這段期間，卻有兩個臺灣人的故事被總督府以及主流報紙《臺灣日日新報》大力傳頌：一位是來自苗栗的「國歌少年」詹德坤，另一位則是來自宜蘭南澳的泰雅族「愛國少女」莎韻。

國歌少年——詹德坤

一九三五年四月二十一日上午六點零二分，臺灣發生大地震。就讀苗栗公館公學校的三年級生詹德坤在前往學校之前，一如往常地向奉祀著「神宮大麻」的神龕進行禮拜。沒想到一出家門沒多久，四周的房子開始劇烈搖晃了起來。伴隨著「轟」的一聲巨響，少年詹德坤不幸被一旁倒塌的屋瓦所傷。

身受重傷的詹德坤隨即被送到臨時搭建的診療所。謹記老師在課堂上教的「日本人就是說國語的人」，詹德坤強忍傷痛，用著不太流利的日文呼喊著老師、同學的名字。隔天中午，由於詹德坤的傷勢過重，被醫護人員轉送往遠處的醫院。那天夜裡，虛弱的詹德坤向父親說：「爸爸，我好想要唱〈君が代〉②。」深呼一口氣後，悠悠地從口中唱出歌詞，然後就在師長以及父母的陪伴中，安詳地離開人世。

這名在傷重中仍不忘吟唱國歌的少年故事很快傳開，甚至在日本本土都獲得了廣大的迴響。許多人聽聞後，紛紛倡議要為其撰寫紀念文章、設立紀念碑。一九三六年四月，詹德坤的紀念銅像出現在公館公學校。與此同時，一本專門介紹這位國歌少年事蹟的書《震災美談　君が代少年》也正式發行。

《初等科國語》第三卷第六課〈君が代少年〉的課文也選錄了這個

故事，只要是一九四三年以後在臺灣與朝鮮就讀小學四年級的學生，都會在上學期的課本中看到這位「國歌少年」。

這篇課文確實反應出皇民化時期殖民政府所強調的「尊師」、「敬父母」、「愛國」情操。而詹德坤「膜拜神宮大麻」、「堅持說國語」、「崇敬國歌」的行為，也確實符合皇民化運動所要傳達的訴求。詹德坤會被塑造成愛國青年的「典範」，似乎也不足為奇了。

詹德坤君の銅像

位於苗栗公館公學校的詹德坤銅像，據說當時經過的學生都被要求向銅像脫帽行禮。（圖片來源：《震災美談　君が代少年》，國立臺灣圖書館提供）

然而，課文中仍有一些值得討論的地方。

首先，研究者指出詹德坤確有其人，也確實在一九三五年的大地震中不幸身亡，但是他是否真如課文中所說「一如往常地祭拜神宮大麻」，則令人感到懷疑。這是因為儘管到了皇民化運動末期的一九四五年，鄉下地區受到皇民化運動影響、願意在家中設立日本神龕的現象還是相當有限。所以文中的詹德坤居住於苗栗公館家中設有神龕，而且又習慣性地在早晨「膜拜」，極有可能都是為了配合皇民化運動而加上的「劇情」。

主管單位將詹德坤的「模範」言行舉止編入課本，無非是希望讀者（通常是國小學童）自幼學習如何當一個堂堂正正的帝國子民，達到從小教化的功能，背後的政治目的並不難理解。

愛國少女——莎韻

現今宜蘭縣南澳鄉「利有亨教育所」的庭院裡，開著紅色美麗花朵的番紅花樹的圍繞中，並立著莎韻之碑和鐘樓。鐘上刻有銘文：「愛國少女莎韻之鐘（愛國乙女サヨンの鐘）」這個鐘是長谷川總督為了褒揚莎韻的愛國行為而頒贈的。鐘鳴時，清亮優美的聲音響徹高空。讚揚著愛國少女莎韻．哈勇。

一九二二年一月，位於臺北州蘇澳郡的泰雅族利有亨社內，哈勇．麥巴歐最小的女兒出生了。由於泰雅族在命名習慣上採取的是連名制，通常會在子女的名字後面加上父親的名字，這一名剛出生的女嬰，就被命名為「サヨン」（Sayon），全名為「サヨン．ハヨン」（Sayon Hayon）。

小學時期，莎韻都在利有亨社教育所裡頭接受簡易的初等教育課程。畢業後，她隨即被編入當地的女子青年團，繼續接受公民教育的訓練課程。看似平凡又單純的泰雅族少女，之所以成為舉國皆知的「愛國少女」，必須要從一九三八年，一起發生於南澳的溺水意外開始說起。

一九三七年中日戰爭爆發後，許多定居於臺灣島內的日本人也收到召集令，必須前往戰場為帝國奉獻生命。一九三八年秋天，利有亨社教育所的老師田北正記就在收到召集令後整裝離去。

就在田北老師要離開的時候，臺灣總督府氣象測候所恰巧發布了暴風警報，再加上山洪暴漲，情勢相當險峻。然而以莎韻為首的泰雅族少女為了感謝老師教導，堅持陪老師走完最後一段路程。

就這樣，一群人在狂風中緩緩下山。就在接近目的地前一里處，狂暴的溪水將圓木搭建的臨時橋墩沖毀，眾人迫於無奈，僅能手牽著手，合力渡河。由於身上行李過於沉重，再加上一旁狂襲而來的水勢，只聽到「啊！」的一聲，莎韻就這樣跌落翻滾的溪水，消逝於眾人眼前。那一年，莎韻只有十六歲。

實際上，當時莎韻跌入溪水的消息，在事發兩天之後便被刊出。只是，當時的新聞標題是以「蕃婦」失足落水的角度進行報導。

莎韻真正從「蕃婦」轉變為「愛國少女」，則是第十八任總督長谷川清的傑作。在長谷川的認知裡，莎韻最大的亮點在於她身為「泰雅族」少女，再加上莎韻願意在狂風暴雨中護送「日本籍老師」踏上「光

蕃婦溪流に落ち
行方不明となる

當年的新聞報導版面為〈蕃婦溪流に落ち　行方不明となる〉。（圖片來源：《臺灣日日新報》昭和十三年九月二十九日，第七版，國立臺灣圖書館提供）

莎韻之鐘與一旁的紀念石碑（圖片來源：〈サヨンの碑及び鐘に禮拜する山の青年男女〉《臺灣日日新報》昭和十七年一月二十七日，第二版，國立臺灣圖書館提供）

榮的征途」，不僅提供總督府原住民教化成功的典範，莎韻不畏自身安危堅持護送老師出征的舉措，更是有利於戰爭時期軍國氛圍的推展。

因此，一九四一年四月十四日，長谷川為了表揚莎韻的「愛國之心」，特別頒給利有亨社一個刻有「愛國乙女サヨンの鐘」字樣的鐘，之後還設立「愛國乙女莎韻遭難之地」的石碑，以茲紀念。

「愛國乙女莎韻遭難之地」石碑現況，目前置於南澳南溪堤防的盡頭。（圖片來源：2015. 03 吳亮衡攝）

在總督府刻意宣傳下，莎韻的事蹟也傳遍了各地。各方雅士聽聞此事後，也紛紛以此創作出許多感動人心的作品，其中又以陸軍美術協會會員鈴木榮二郎創作的《莎韻之鐘》最為人所知。此外，也有詞、曲甚至是電影的演出。不難想像在戰爭時期的氛圍下，「愛國少女」是多麼熱門的創作題材。

發現了嗎？儘管詹德坤和莎韻的生長背景、環境完全相異，事件發生的原因也不盡相同，然而在進入皇民化時期之後，兩者的「愛國」情操都被刻意凸顯了出來。

課本就是政治下的產物。詹德坤及莎韻的故事之所以被認為是「典範」，體現的正是統治者對於「忠君愛國」的想像，並透過教育，將殖民地學童形塑成一個個「愛國」的角色。

①本文討論的時間斷限屬於日治時期，因此這邊所謂的「國語」並非戰後的中文，而是符合當時時代背景的日文。

②亦即〈君之代〉。「代」是年紀、年華或年代的意思。〈君が代〉原本是一八八〇年日本海軍祝賀天皇誕辰而製作的歌曲，一八八二年被定為日本國歌。也因此，當時的報章媒體形容詹德坤為「君が代少年」就是「國歌少年」的意思。

對應課綱

高中：殖民與反殖民運動

國中：殖民統治體制的建立

2／當住在這裡好久的我們，突然與「國語」相遇

作者：李盈佳

黃沙蕩蕩　思緒澎湃如錢塘
黃沙蕩蕩　我熱淚聚成長江
歸去歸去　夢迴明媚的江南
歸去歸去　復我華夏的漢唐
勒馬長城　勒不住我熱血奔騰

勒馬長城　勒不住我思念情深

快鞭策馬　馳騁在那草原上
快鞭策馬　馳騁在那陰山旁
向前奔跑　看那敦煌的破曉
向前奔跑　看那怒江的波濤
勒馬長城　勒不住我熱血奔騰
勒馬長城　勒不住我思念情深

中華中華坦坦蕩蕩
我摯愛的大中華
要努力奮起復我河山
讓青天白日普照大地

——〈中華之愛〉作詞：許乃勝 作曲：蘇來

這首〈中華之愛〉是一九八〇年代紅遍臺灣的歌曲之一，演唱者施孝榮，是一九五九年出生於屏東霧臺的排灣族人。排灣族的歌手演唱像〈中華之愛〉這樣的歌曲，在今天看來不容易理解，但就在不久前的臺灣，對島嶼上的大多數人來說，並沒有什麼不對。

國語運動摧毀了既有的語言

一九四五年起，為了使中華民國官方認定的「正規」語言透過各種管道進入人們的日常生活、進而消除日本政權對臺灣的影響，臺灣省行政長官公署以臺灣調查委員會做成的《臺灣接管計畫綱要》為基礎，在幾年之間，陸續發布一系列的「國語」相關法規，並且積極實施。

這一系列大大小小的法規，包括《中等學校社會推行國語委員會組織章程》《臺灣地區各縣市推行國語實施辦法》《臺灣地區各縣市國語推行員任用及待遇辦法》《臺灣地區各縣市國語推行組織規程》《臺

國語運動週 陳長官廣播詞全文

二二八事件前夕，報紙上刊出陳儀推行國語運動的廣播詞內容。（圖片來源：〈國語運動週 陳長官廣播詞全文〉《臺灣新生報》中華民國三十六年二月二十六日，國立臺灣圖書館提供）

灣地區各縣市國語推行員任用及待遇辦法》等。是不是眼花撩亂了？真的，不必把它們的名稱統統背起來，不過，我們必須記得，它們對戰後臺灣語言文化的影響，是相當深遠的。

而針對以原住民為主要居民的行政區（當時政府稱為山地鄉），政府除了將日本時代留下的蕃童教育所改為國民學校以外，也開始規畫「山地鄉國語推行小組」的設置、《山光周刊》的發行等。統治者是怎麼想的呢？一九四九年頒行的《山地教育方針》中，第一條規定就是「徹底推行國語，加強國家觀念」，可以說毫不掩飾地反映出推行「國語」的目的。

在那樣的年代、那樣的思維裡，將一種與在地截然無關的語言加諸人群，是那樣的理直氣壯。於是「山地鄉國語推行所」成立，「山地國語輔導員」現身歷史舞臺，《臺灣省各縣山地推行國語辦法》自一九五一年頒行後持續到一九七三年，由《臺灣省各縣山地鄉國語推行辦法》（大家看得出兩者差別嗎？）等法規取而代之，一直到二〇〇一年方廢止。

是的，二〇〇一年，距今只有二十年，離我們並不遠。也就是說，以戰後臺灣原住民族的語言處境來看，世界華語文教育會所編撰的《國語運動百年史略》封面所寫著「尊重族群方言」和「創造國語奇蹟」這兩行字是謊言。國語運動的「成功」幾乎摧毀了島嶼上既有的語言。

當然，法規到二十年前才被廢止，不代表整個法規有效期間內，政策內容都徹底地被實施。至少，在歷經多年努力以後，一九九〇年代的臺灣，以「山地同胞」指稱原住民的習慣已經逐漸發生變化。不過，對部落裡的許多人們而言，被迫接受無法用來與祖先溝通的「國語」，是成長過程中共同的經驗。

那是一種「漸漸」的過程。近年來，原轉會（全名是原住民族歷史正義與轉型正義委員會）語言小組陸續訪談了許多出身部落的人們，就訪談結果來看，年紀越輕，越不會說族語，這現象非常普遍。

金清山，族名 Iyuq Ciyang，一九四三年出生，於花蓮縣秀林鄉加灣部落長大。在上學前都是使用族語與家人溝通，小學之後才被硬逼著學習華語和注音符號，所以當時上課都聽不懂老師在講什麼。

林明德，族名 Kalu-Taysu-Kakupa'，一九五〇年出生，於臺東縣池上部落出生長大，母親只會說阿美族語，但父親因爲受過日本教育，所以平常也會說日語，從小家中所使用的語言以阿美族語爲主。

朱建賢，一九六六年出生，於花蓮縣瑞穗鄉瑞良部落出生長大，雖然自我族群別是阿美族，但當時祖父的身分還是屬於撒奇萊雅族人，到了母親這一代才被改成阿美族，因此對兩個族群皆有歸屬感。在上學之前語言的使用就是以華語居多、阿美族語次之，所以讀書前的華語能力就算不錯了。

李桂香，族名Lawa，一九七三年出生，在新竹縣尖石鄉那羅部落長大，從小家中就是使用華語作為主要溝通的語言。父親是中國河南人，與父親溝通皆以華語爲主，母親也鮮少使用泰雅族語與孩子們溝通，因此年幼時就開始習慣使用華語，相對來說，泰雅族語就不太流利。

從受訪者的年齡與語言能力的分布，可以看到族語「漸漸」流失。而大部分的受訪者，都有求學階段不被允許說族語、必須說「國語」的記憶。

遷離了家鄉，也遠離了母語

另一種與語言政策不直接相關，但也導致「漸漸」失去語言文化的是，為了在當代社會中活得更「好」，許多人們在從出生的所在移往鄰近或遙遠城市（這樣的現象在當時普遍發生，不管原住民或非原住民）的過程中，逐漸遠離了自己的母語。

例如，來自花蓮的馬太鞍部落的阿美族歌手阿洛（阿美語：Ado' Kalitaing Pacidal），從小和祖父、祖母一起生活，能說自然而流利的阿美語。不過，在隨父母親搬到臺東市區就讀小學以後，她便漸漸不會說阿美語了。

那「漸漸」的過程，其實也不是不知不覺的，而是有所知覺但莫可奈何。通常，在遠離母語之前，來自部落的孩子所經歷的，是被同儕嘲笑、被學校譴責、被期許孩子能在說好「國語」才比較有機會的社會裡出頭的父母要求。然後，是自我壓抑，壓抑著的同時，和傳統疏離。

「我們曾經都有過，覺得自己母語很落伍的時期。」長大後的阿洛這麼說。而那令人覺得自己母語很落伍、乃至對自己的文化感到羞恥的力量，是誰在推動著？又，是為了達成什麼樣的「成果」而不斷推動？

一九九四年，知名作家鍾肇政在一篇名為〈文化建國——從「回首桃花源」說起〉的隨筆文章中討論政府主導的文化活動時提到：

猶憶幾年前，這種名爲「文藝季」的文化活動之中，有一項有關「山地文化」者，宗旨上開宗明義謂爲係爲了保存及發揚山地傳統文化，卻竟然在原始計畫上列出「國語演講比賽」項目，在籌備會上引發一陣隆隆炮聲，始將原住民語言的演講競賽並列。

鍾肇政先生的隨筆提醒著我們，戰後臺灣統治者對這片土地上最資深居民的不尊重，也提醒著我們，政府力量很大，大到傳統即便悠遠，如果未能竭力守護，很可能消散無蹤。

所幸，因著許許多多族人的努力，如今許多部落裡的孩子，能聽長輩說族語，也能開口說族語。能夠開口說，才有機會藉由語言表達思想，以及傳遞感情。而從記住單字片語到表露思想感情，仍須歷經漫長的過程。

復振與傳承之路還很長很長，但只要有開始，就有希望，就像臺灣很多地方都曾經流傳的故事——為了解決太陽殺傷力太強的問題，年輕人揹著嬰孩，朝著太陽的方向前進，經歷了好久好久，嬰孩長大了，年輕人也老了，但因為始終朝著目標前進，加上一路上有傳承，終於解決問題。

對應課綱

高中：教育、語言與基礎建設

國中：國家政策下的原住民族

3／二二八事件後，定格在泛黃報紙中的生命

作者：李盈佳

一九四七年三月二十四日，隸屬於臺灣省行政長官公署宣傳委員會的《臺灣新生報》登載了一則消息。這則消息，連貫起了兩個人的生命。不過，他們自己卻並不知情。

任何一個拿到當日《臺灣新生報》的人，都能看到這則報導中，由九個斗大的漢字構成的標題：暴徒林界等就地槍決。

區長一夕之間成為暴徒

標題左側，是一排排黑色小字，前半段這樣寫著：「暴徒首犯林界（高雄市人，現年三十八歲），於本市動亂期間糾集流氓，組織非法保安隊，焚殺搶劫，擾亂地方治安，並提出不法條件，脅迫軍隊繳械。」後半段則寫著：「叛徒陳顯光（彰化人，現年三十二歲），煽惑學生參加暴動，率眾圍攻火車站……」

從報導中看起來，陳顯光的身分可能是教師，但林界呢？事實上，

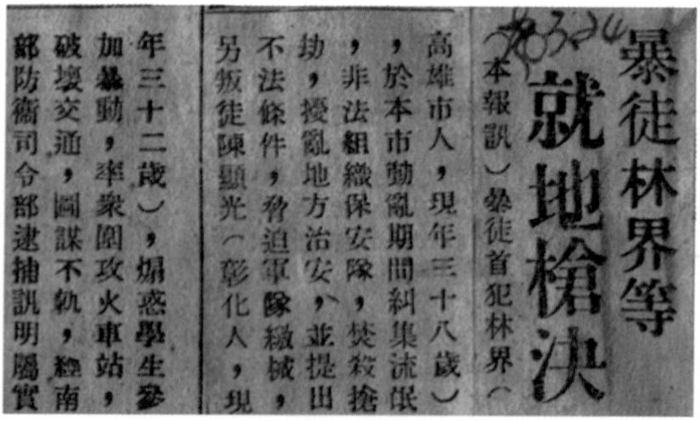
暴徒林界等
就地槍決
（本報訊）暴徒首犯林界（高雄市人，現年三十八歲），於本市動亂期間糾集流氓，組織保安隊，焚殺搶劫，擾亂地方治安，並提出不法條件，脅迫軍隊繳械，另叛徒陳顯光（彰化人，現年三十二歲），煽惑學生參加暴動，率衆圍攻火車站，破壞交通，圖謀不軌，經南部防衛司令部逮捕訊明屬實

《臺灣新生報》中華民國三十六年三月二十四日。（圖片來源：國立臺灣圖書館提供）

林界是當時高雄市苓雅區的區長。此外，他也曾經擔任刊載這則消息的《臺灣新生報》的印刷廠廠長。你相信新聞報導嗎？今天的你我，可能會對時下的新聞抱持懷疑的態度，而面對當年的新聞，我們又該怎麼判斷呢？

苓雅區長「糾集流氓」、「焚殺搶劫」了嗎？如果是「保安隊」，為何會「焚殺搶劫」？如果他真的這麼做了，是為了什麼？如果他沒有這麼做，那麼報紙上的說法又從何而來、所為何來？而「非法」、「不法」具體指的又是什麼？面對這麼多的問號，我們該如何尋求答案？讓我們先從林界這個人的生平看起。

一九一〇年出生的林界，公學校畢業後未再升學，而是持續自修。他的漢文根基很不錯，平時喜歡寫漢詩，與友人相互唱和。年輕時，他和他的大哥、弟弟一起在高雄新和鐵工廠當技師。一九三九年，他應聘至臺東一所糖廠擔任工務主任，兩年後返回故鄉高雄，與兄弟合夥開設黑板組鐵工廠，承包公共工程。

一九四四年初，林界和兄弟一起經營的工廠，因美國軍隊連連轟炸臺灣而停工，其後兄弟拆夥，分頭經營事業。一九四五年八月，第二次世界大戰宣告結束。一九四六年八月六日，林界擔任新生印刷廠暨新生報社印報廠廠長，同年十一月起，接下苓雅區長一職。

這時的林界以及他的家人、朋友，怎會想到，就在幾個月後，他曾經負責過的印報廠，將輸出一張又一張印有「暴徒首犯林界」的報紙？

赴險談判只為不負公職

時間回到一九四七年二月二十四日，高雄市參議員在參議會提出糧食、物價、教育等諸多問題質詢，但官員的答覆並未令人滿意，民眾的失望與憤怒持續累積。二月二十八日，得知臺北二二八事件發生的高雄要塞司令部司令彭孟緝，令各部隊停止差假，並調整軍力布署。同時，高雄市區內的衝突層出，情勢日趨緊張。

一九四七年三月三日，苓雅區公所（後來的苓雅五分局）前的馬路上發生嚴重的軍民衝突，造成人員傷亡。當時的高雄市長黃仲圖召集市府幹部、市參議員及各區區長、代表等開會，計畫在三月五日下午前往位於壽山的要塞司令部與彭孟緝談判，但彭孟緝拒絕，雙方約定隔日再談。當天晚上，市民群聚於壽山山下，彭孟緝以日語喊話，要群眾放下武器，否則將砲轟市區。

就在彭孟緝派兵封鎖山下町（今鼓山路一帶）的這一夜，林界和家人進行了一番談話。面對因為感到局勢很危險而極力勸阻他上山的家人，林界說：「就是因為危險，所以我們才要去。外面這麼亂，身為公職，不能任由人民在外面隨時有生命的危險。」

三月六日早上，林界按照計畫，與市長黃仲圖、議長彭清靠、臺灣電力公司高雄辦事處主任李佛續、前高雄日產清查室主任涂光明、陸軍上校曾豐明及牙醫范滄榕等人一同前往壽山，準備和彭孟緝談判。結果，只有黃仲圖、彭清靠和李佛續下山，涂光明、曾豐明、范滄榕和林界，再也沒能回家。彭孟緝隨即向高雄市區出兵。下午一點左右，彭孟緝的軍隊抵達高雄市政府，開始掃射。

由於林界一直沒有回家，林家人非常著急，四處打聽、尋找之後，才知道是被軍方扣押了。林界的兄弟們商量後，決定由林界的五弟林錦樹北上向李萬居（時任《臺灣新生報》社長）求救。由於當時鐵路已經不通，林錦樹預計先走水路到基隆再轉往臺北，卻在高雄港區的十三號碼頭就被憲兵押走。

林錦樹被抓走的消息傳到林家，林家更是陷入慌亂。林界的四弟林汗前往壽山，想了解哥哥和弟弟的下落，不僅沒有成功，還被衛兵奪走了帽子、西裝、懷錶和鞋襪。根據林汗的回憶，一籌莫展的林家人，接連受到打擊之際，還有軍官上門，對他說：「要救你三哥，找人幫忙需要花錢。」

錢給了，但人始終沒有回來。

被迫永遠離開這個世界

當時的林界，和當時許多臺灣人一樣，懷抱著守護家園的願望。而且，他不只將願望放在心底，而是將願望化作行動。然而，挺身而出的結果，是被迫永遠離開這個世界。

林界被迫離世之際，他的女兒林黎影不到五歲、林黎彩只有一歲多，養女林月碧則就讀初中二年級。他的妻子胡錦華在一九五〇年代自殺，林家姊妹從此四處流浪。

多年後，林黎彩在多方訪查之下，得知戶政事務所記載林界於「民國三十六年三月二十三日死亡」。高雄市文獻委員會所載死亡日期相同，另有「民前二年三月十四日出生，死因槍殺」，死亡地點是高雄要塞司令部。

林黎彩也曾聽母親胡錦華說過：當年家人聽說要塞前的瓦礫堆中埋了很多人，於是上山尋找，家族中幾位女性首先挖到大拇指，屍首都腐臭了，把背部覆蓋的土撥除後，看得出面朝地下，手腳反綁，整個身體被五花大綁，槍從背後開。當他們把屍首翻過來，看清楚是林界沒錯，頓時哭成一團。

林界的遺體被發現後，先前到林家要錢的軍官再次出現，再次要錢。這個軍官是誰，至今仍不清楚，只能確知錢是要送到高雄市成功路一帶的一處舊宿舍。

對於林界的死亡，彭孟緝知情嗎？一九九三年，他在位於臺北市金華街的家中接受訪問時，告訴來訪者：「林界被槍斃，我根本不知道。」

然而，檔案顯示，彭孟緝在一九四七年三月二十四日透過電報告訴陳儀：「林界已執行槍決。」

兩相對照之下，三十九歲的彭孟緝和八十四歲的彭孟緝，對於林界之死的知情程度存在著天壤之別。這樣的差異從何而來？可能性不只一種。是記錯了？沒有說實話？如果我們相信檔案，那麼彭孟緝晚年的說法很可能有問題。如果彭孟緝晚年說的是真的，那麼檔案發生了什麼事？

那些定格在泛黃報紙中的生命

林界這樣的一位人物，在遭到槍決以後，成為報紙上「本報訊」所稱的「暴徒」與「暴徒首犯」，那麼，死訊與林界死訊被寫在同一則報導裡、被冠上「叛徒」之名的彰化人士陳顯光，又是什麼樣的人呢？

根據目前可見的材料，陳顯光的身分是高雄工業職業學校的教師。一份回憶指出，當時正值盛年的他生得高強魁梧，而若查找高雄要塞司令部的檔案，我們可以看到，在行政長官陳儀與高雄要塞令部司令彭孟緝往來的電報中，陳顯光被稱為「共產暴徒」。除此之外，留下的資訊並不多。

檔案中被稱為「共產暴徒」者，可能確實與共產黨有所關聯，也很可能並沒有。而回到當時的歷史情境，我們可以想見，對握有生殺大權的當政者而言，將一個人定位為「共產暴徒」而後抹除，是相當迅速而有效的做法。

究竟是什麼樣的形勢，使得就任不久的苓雅區長再也回不了家？讓三十二歲的雄工老師走出校園，和他的學生一起，成為當政者的眼中釘？要了解這樣的過去，除了用眼睛尋找可信的材料，往往還需要傾聽。很多時候，面對歷史的我們，必須仰賴當事者或者他們的後人，傾聽他們的聲音。當然，任何人都有自己的觀點與局限，但比起毫不相關的人士，當事者永遠是最有條件講述經歷的人。

只是，林界、陳顯光，還有太多太多的死難者，早已在槍聲響起之後，再也不能言語。他們的生命，就這樣被定格在日漸泛黃的一塊報紙上，定格在三十八歲、三十二歲，以及數不清的其他年歲。而活下來的人所面對的，是恐懼、是孤寂、是噤聲，是痛楚與禁忌的漫長歲月。

而今，我們只能從一張小小的剪報中，試圖去捕捉、去想像，那些已經消逝的、無聲的記憶。

對應課綱

高中：戰後的民主化追求與人權運動

國中：二二八事件與白色恐怖

4

經歷霧社事件，走過二戰與白色恐怖的下山家族

作者：洪健鈞

一九九四年，一位高齡八十歲的長者病逝，地點在臺中空軍醫院。他的家屬將遺體領出，帶到位於南投仁愛鄉新生村的所有地安葬，並將該墓區取名「下山家族安息園」。對長者的子女來說，「下山（Shimoyama）」這個日文姓氏，代表著他們一生中難以擺脫的特殊身分：是二戰戰敗的亡國奴、是遭致黨國政權排擠的「匪諜」嫌疑家庭，

以及家中子女求學、求職皆無法順遂的問題標籤。

「白色恐怖」猶如龐大而無形的陰影般，長期籠罩著下山家的全體成員。好在，當時距離「解嚴」已有八年的時光了。下山家的成員們，已經不必再懼怕於外界對自我身分的壓迫或嘲笑。他們可以勇敢說出自

老年時期的下山一家族照，攝於埔里郊山。前排右一為下山一，右二為其妻文枝，後排右二為四女下山操子。（圖片來源：《流轉家族：泰雅公主媽媽、日本警察爸爸和我的故事》，遠流出版）

已屬於「下山家族」，是二戰戰後滯留臺灣的日裔家庭。

逝世的長者漢名為林光明，日文名字為「下山一（Shimoyama Hachime）」。他生於一九一一年，是日治時期南投廳轄下霧社支廳 Kmuyaw 駐在所（一九二〇年改制為臺中州能高郡管轄）駐警下山治平的兒子，母親為 Marepa 社群 Kmuyaw 部落頭目 Toreh Yayut 的長女 Piqu Toreh，是當時「政略婚姻」境況下所誕生的「混血兒」。

按照他的生前遺願，是希望「下山家族安息園」也能納入其母親的遺骨；Piqu Toreh 逝世於家鄉 Kmuyaw 社（日後慣稱 Marepa 社），也就是現今南投仁愛鄉力行村。於是，下山一的子女們，離開了位在北港溪下游的新生村，驅車穿越埔里盆地，沿著狹窄的眉溪河谷一路上攀、途經霧社高地後切往南投八九號線道，在產業道路的顛簸中邁向北港溪上游處，終於來到了下山家族於臺灣落地生根的緣起之地——Marepa。

新落成不久的下山家族安息園，除了安葬有下山一及 Piqu Toreh

外，旁側還立有一九七二年因「中（中華民國）日斷交」而遭人搗毀的霧社事件殉難殉職者墓碑之頂座，象徵下山家對於一九三〇年該場時代慘劇的惦記之情。已離世的下山一不會知道，透過女兒下山操子譯為中文的自傳作品，將在二〇一一年正式以《流轉家族：泰雅公主媽媽、日本警察爸爸和我的故事》的書名出版，成為轟動文壇的「非典型」家族史，「流轉家族」就此成為下山家的最佳代名詞。

一生經歷坎坷而傳奇的下山一，擁有日本人與臺灣泰雅族的混血血統，歷經過霧社事件、二次世界大戰和二二八事件等重要大事，戰後更淪為白色恐怖下的受害者，注定成為臺灣近代史中極罕見的「非典型」人物。

頭目的女婿，下山治平

要了解下山一的一生，必須先從那擔任 Kmuyaw 駐在所巡查的父親治平說起。

下山治平出生於一八八六年的日本靜岡縣，成年後選擇「從軍」，一九〇五年自靜岡縣陸軍調往臺中干城營區、一九〇七年退役考入「甲種警官學校」，遂於一九〇九年參與「內霧社隘勇線」的武力推進行動，一九一一年調任當時「蕃情不穩」的 Kmuyaw 駐在所，接受上級密令與頭目之女 Piqu 締結「政略婚姻」以建立統治權威。

按照下山一的晚年口述，父親治平在「部落統治」方面的手腕細膩，能以流利的泰雅語與族人話家常、洞悉北港溪上游的諸部落生態，在當時堪稱「蕃通」。另一方面，治平也利用妻子 Piqu 可自由出入他社領域的「婦女」身分，驅使其於「太魯閣戰役」及「薩拉茅事件」等戰事擔任斥候，多次完成重大「蕃情」調查任務而備受肯定，得以晉升至統管「Marepa 監視區」（含泰雅族 Marepa、Mrqwan 與 Xakut 等三社群領域，約為今日清境農場以北的仁愛鄉力行、翠華與發祥三村範圍）的警部補一職，儼然是當時「霧社蕃地」警察機關的新星！

然而，治平卻在一九二〇年再娶靜岡縣故鄉的「初戀情人」勝又

下山治平與 Piqu Toreh 婚後三年補拍的結婚照。（圖片來源：《流轉家族：泰雅公主媽媽、日本警察爸爸和我的故事》，遠流出版）

仲子，成為蕃地罕見的「雙妻」婚姻。該情形於一九二三為能高郡守秋永長吉視察得知，當場遭嚴厲斥責的治平，竟在酒醉情況下與郡守爆發鬥毆，最後被施以「停職」處分。喪失「警界發展」機會的治平，遂於一九二五年攜著仲子與其所生兒女返回「內地（日本本土）」。而對於堅持留住故鄉的首任妻子 Piqu，治平則積極遊說總督府高層，為其爭取到霧社分室的「囑託（類似今日『約聘僱』）」一職，讓獲得經濟保障的 Piqu 得以供養下山一等子女。

被迫成為「單親媽媽」的 Piqu，只好將人生冀望投注於長子下山一身上。為了不辜負母親的期待，努力讀書的下山一先後畢業於霧社小學校、埔里小學校高等科，最終在總督府理蕃課的認可下，一九二九年以「公費」方式進入臺中師範學校就讀。

正當下山一準備朝向教師夢想邁進時，一九三〇年十月末，名為「霧社事件」的衝擊震波襲來，徹底撼動了下山一與其家族的人生路途。

突如其來的慘劇，霧社事件

讓我們將目光轉回下山一的故鄉：泰雅族 Marepa 群的最大部落「Kmuyaw 社」（日後慣稱為 Marepa 社）。一九二三年因治平離去而空缺的「Kmuyaw 駐在所」管理職，由出身日本長野縣、時任「白狗駐在所」主管的佐塚愛祐繼任。與治平相同，透過「政略婚姻」而以頭目女婿姿態橫行的佐塚愛祐，亦是懷抱「權力野望」之人。一九二九年佐塚如願升任「霧社分室主任」①，卻為追求「政績表現」而規畫諸多大型建設，不斷強令霧社各部族的壯丁投入勞役工作，族人遭無情地「勞力剝削」外，還致使田地無人耕種而荒廢，過度勞役與饑荒引發普遍地不滿情緒。

終於在一九三〇年十月二十七日，賽德克族 Tgdaya 群下六部落（Mhebo、Boalun、Suku、Truwan、Gungu 及 Droduh）於清晨攻襲沿線駐在所，並集結往正舉辦「聯合運動會」的霧社公學校，針對日本人展開報復性屠殺，分室主任佐塚愛祐當場斃命，這件史稱「霧社事件」的重大慘案，也對下山家族帶來了莫大衝擊。

依據下山一的口述，「霧社事件」爆發當時他尚於師範學校就學，後續是透過報章得知家鄉慘況。其中，他的阿姨（母親 Piqu 的二妹）Ituk Doreh 於公學校現場時身著和服，被誤認為「日本婦人」而慘遭戰士以尖竹槍誤擊，成為突襲中唯一遭誤傷的「原住民」受害者。事後下山一返回霧社家宅時，仍見到家裡殘留著阿姨 Ituk 受傷所留下的大量血跡。

另外，原分室主任佐塚愛祐的遺孀 Yaway Temu（出身泰雅族 Xakut 群 Msthbwan 社，今日仁愛鄉瑞岩部落）雖僥倖逃過死劫，卻因無法接受丈夫死訊而陷入癲狂，所幸在下山一母親 Piqu 的照料下，神智才逐漸好轉，從而加深了二家族間的情誼。

軍國主義籠罩下的「樣板宣傳」

面對「霧社事件」叛亂情勢的爆發，日方出動臺灣軍、警察等組合的「聯合部隊」進行大規模鎮壓。同時，亦發揮理蕃政策中「以蕃治蕃」的慣用手段，策動同為賽德克族的 Toda 群、Truku 群與泰雅族 Xakut 群、萬大群等部族壯丁，針對藏匿深山的反抗部落族人進行捕殺。其中，參與「討伐行動」的臺灣軍參謀服部兵次郎大佐，在事件隔年發表的調查報告書中，極其稱頌「味方蕃（即『我方蕃』之意）」戰士的傑出表現，被視為日後「高砂族義勇軍」的概念雛型。

「他們的戰鬥，在幾十年、幾十次的爭鬥之間，從留下幾多珍貴的鮮血所得的珍貴體驗產生，因此誠然又實際又巧妙，每一個戰鬥，在山地戰中，可以作爲一個參考……」②

曾被視為「模範蕃地」的霧社，居然發生如此慘絕人寰的殺戮事件——在報章媒體的大肆報導下，「霧社」引起了民間大眾的好奇目光，而身為「霧社蕃地之子」的下山一，也成為此一關注潮流下的重點人物。一九三四年下山一進入臺南第二聯隊中服役，儘管是以「內地人（日本籍）」而非「高砂族」的身分入伍，此事件仍遭媒體渲染為「高砂族志願報國」的頭號先例，令他感到格外困擾。

令下山一更為困擾的是，一九三六年他首度踏上日本本土，在父親的牽線下迎娶靜岡縣名媛藤原正枝。這段「婚事」也遭當時《臺灣日日新報》所刊載，一九四二年為小說家坂口䙥子改編作短篇小說《時計草》。下山一「混血」背景，被迫成為當時「皇民文學」中「高砂族盡忠報國」口號的樣板原型。日本帝國展開如火如荼的「聖戰」行動，將下山一與其家族捲入永無止盡的「樣板宣傳」中。彷如夢魘糾纏般，及至二次大戰結束，日本國內仍不斷出現以下山一「混血背景」為主題的小說創作，足見日本人對其「霧社蕃地之子」身分的著迷與執著。

此外，與下山家族同樣誕生自「政略婚姻」的佐塚家族，在霧社事件後，兩個家族間的關係越加緊密，下山一的二弟宏與三妹靜子，分別娶嫁了由佐塚愛祐與Yaway所生下的次女豐子及長子昌男③，使得下山與佐塚兩個「混血家庭」親上加親。在當時的「戰時」背景下，下山

成為「聖戰」宣傳人物的下山宏（左一）和佐塚昌男。（圖片來源：《事変の臺灣人》）

一二弟下山宏與妹婿佐塚昌男，皆化身為「皇軍聖戰」的樣板人物，昂然現身於宣傳刊物《事変の臺灣人》的相片上。而一九三七年一月號的《理蕃之友》報導，則記錄了下山宏與佐塚昌男投入日本內地的軍事服役狀況，將之視為「高砂族義勇投軍」的先行者。

該報導如此提及：「兩君蕃地出身的榮譽自不必說，今後的動向必將成爲一般高砂族注視的目標。④」

肇因大戰爆發，成為「皇軍樣板」而屢屢出現於報章刊載的下山家族，其長子下山一與藤原正枝的婚姻卻以「失敗」告終。到了一九三九年，下山一迎向了人生的第二段婚姻。

下山一的第二段婚姻與「戰敗」衝擊

一九三九年下山一來到了東京，向一位名為「井上文枝」的女子求婚，順利贏來人生的第二段婚姻。這位「井上文枝」是何許人物呢？她是下山一過去就讀霧社小學校的同學，其父井上昌過去擔任蕃地巡查，是下山家族的舊識。按照下山一的自述，他幼時便非常愛慕文枝，成年後如願以償地迎娶這位「夢中情人」。而按照文枝的說法，她是觀看當時女星高峰三枝子主演的電影《故郷の廢家》深受感動，懷念起幼時與家人寓居霧社的高山景像，因而答應了下山一的求婚。

「我常聽媽媽說，她來臺灣是為了嫁給『霧社』，不是來嫁給『下山一』的。」下山一的女兒林香蘭女士，曾經這樣說出母親遠嫁來臺的理由。

不論文枝欲想出嫁的「對象」究竟為何，她已注定成為下山家重要的「長媳」，並與婆婆 Piqu 相處融洽。隨著一九三八至一九四〇年統治當局展開「中原社」（今日仁愛鄉中原部落）的移住計畫，霧社周邊的 Paran、Tknan 與 Qcoq 等三個賽德克族部落遭集體撤遷，霧社公學校因就學人數不足而廢校。原於該校擔任教師的下山一，先後轉往埔里北國民學校（今日埔里國小）、溪南國民學校（今日溪南國小）任教，文枝也隨著夫婿一同搬往埔里街生活，並陸續生下了三名子女。

然而，一九四五年文枝產下了第四名子嗣「操子（林香蘭）」後，卻意外接收到「日本戰敗」的消息！埔里街的本島人開始鼓動，藉機毆打平時耀武揚威的日本居民。下山一被迫帶著文枝與子女逃離，步行超過五十公里，返回故鄉 Marepa 社，面對當時病重的母親 Piqu，下山一一度放棄了「回歸日本」的念頭，但 Piqu 仍於隔年逝世。

母親的葬禮結束後，欲搭上「日僑遣返船班」的下山一一家，卻遇上了重重困難。由於居住在偏僻高山的 Marepa 社，下山一接連錯過數封「遣返船班」的通知信息。一九四七年「二二八事件」爆發，臺中民軍組織「二七部隊」抗擊國民黨部隊並進駐埔里，領導人謝雪紅等人甚至前往霧社作募兵宣講。事件後，下山一遭指控參與「二七部隊」叛亂，多次傳喚至臺中市情治單位約談甚至拷打。在這一連串不幸糾纏下，下山一一家錯失了所有返日的「遣返船班」。

朝向「國籍歸化」的坎坷之路

一九五二年，窮困潦倒的下山一家族，離開了故居Marepa社，搬至霧社街上定居。自從錯過了一九四九年之前所有的「日僑遣返船班」，已然不可能返回日本的下山一家族，只能朝著「歸化中華民國」的方向前行。然而，下山一所提報的「歸化申請」卻遭遇重重阻礙，整整花了二年的時間，全家族才順利取得「國籍歸化」許可。

在這段等待「國籍歸化」的期間，就業方面處處受阻的下山一，只好在戰後受聘作「農業技士」的弟弟下山宏（歸化改名「林光宏」）介紹下，前去「霧社電源保護站」（當時為興建「霧社水庫」設立的管理站）苗圃地做粗工，後來保護站主任林淵霖先生⑤得知了下山一遭遇，極為同情，推薦他前往當時新設的「高峰瞭望臺」擔任觀測員。為了支撐全家的生計，下山一忍耐著高山屋寮的荒僻寂寞，完成一次又一次上級交代的氣象觀測作業。終於到了一九五四年，內政部核可了下山一提出的「國籍歸化」申請書，登記漢名為「林光明」，迎接全新的未來。

一九五六年，文枝受聘為郵局的臨時僱員，全家搬入郵局宿舍，

在故居 Marepa 社，窮困潦倒的下山一家族早期照。後方站立者為下山一。（圖片來源：《流轉家族：泰雅公主媽媽、日本警察爸爸和我的故事》，遠流出版）

結束了四處搬遷的「寄居」生活。一九六三年，由師範學校畢業的四女林香蘭貸款，買下今日仁愛國民小學旁的住宅，全家族得以踏上穩定的「安居」日子。

奉獻「霧社歷史解說」與自傳出版

一九六九年，自臺電「臨時傭員」崗位退休的下山一，憑藉著自身對於「霧社文史」的深刻認識，多次為前來南投仁愛鄉的日本學者作地景導覽，並不吝嗇地提供家族存留的「古早寫真」予以復刻。現今，許多日本國內發行的「霧社事件」主題書籍，很大部分的使用影像是由下山一所提供。歷史上並未直接參與「霧社事件」的遙遠部落 Marepa 社，也在下山一這位「志工導遊」的推廣下，成為日本研究學界甚為熟知的重點聚落。

最終，下山一於一九九四年逝世，享年八十歲。這段下山一「非典型」的臺灣口述家族史，以親族人物的「小歷史」角度、映射出大時代下複雜的歷史因緣，是了解日治時期「理蕃政策」，重要的參考故事。

---

① 族群關係方面，泰雅族 Xakut 群（日本人音譯為「白狗／Hakku」蕃）屢屢為爭奪北港溪、眉溪上游之獵場，與賽德克族 Tgdaya 群互鬥結仇。當迎娶 Xakut 群主力部落 Msthbwan 社前頭目之女的日警佐塚愛祐，晉升為霧社分室主任後，便使得 Tgdaya 群感到受敵對社群的「女婿」統治，氣憤填膺而引發「反抗」衝動——此一說法，也是多數「霧社事件」調查報告所支持的戰事起因之一。

② 引用自《臺灣霧社蜂起事件研究與資料．下冊》收錄之服部兵次郎〈關於霧社事件〉，頁762。

③ 關於佐塚昌男的生平故事，可以參考鄧相揚《霧重雲深：霧社事件後，一個泰雅家庭的故事》一書。現今，仁愛鄉發祥村「瑞岩部落」（原 Msthbwan 社）仍居住有許多佐塚家的後裔，主要為其長子征雄（林光雄）入贅當地大族之女葉阿愛所生下的子嗣，稱之「葉家」。

④ 引用自《臺灣霧社蜂起事件研究與資料．上冊》收錄之宇野利玄〈臺灣的「蕃人」教育〉，頁149。

⑤ 該歷程除了《流轉家族：泰雅公主媽媽、日本警察爸爸和我的故事》有記載外，也可參見林淵霖與其女林慧君著作的《閱讀父親》頁 115-116，林淵霖在書中極其稱讚下山一認真的工作態度。

對應課綱

高中：殖民的影響與對殖民經驗的省思

國中：殖民統治體制的建立

第二部

經濟

古往今來，
人人都想發大財

1／偶爾出海打劫的小賊，搖身一變成為「海皇帝」

作者：吳亮衡

「想要我的財寶嗎？想要的話可以全部給你，去找吧！我把所有的財寶都放在那裡了。」

相信看過《ONE PIECE》（航海王或者是海賊王）動漫的大朋友小朋友，對於這個經典的開場白，肯定一點也不陌生。在《ONE PIECE》的世界觀中，貌似所有馳騁於大海的角色們都在追尋著海賊王哥爾・羅傑口中，那個藏著無盡祕寶的「那裡」。但到底是藏在「哪裡」？這個問題除了神奇海螺以外，恐怕也只有作者尾田老師知道了。

近年來市面上出現許多以海賊、海盜為主題的影視作品，劇情或述友情亦談戀情，但不管是鬼盜船長傑克史派羅或是懸賞金飆破十五億貝里的魯夫（一不小心劇透），最引人入勝的，還是這些主角們克服大海的變幻莫測、躲避海軍的追捕，最終獲取無窮寶藏的冒險歷程吧？

為了要在嚴峻的大海中生存下去，我們可以透過歷史故事一睹橫行於海上盜賊們的傳奇故事，其中，也不乏仗義執言、劫富濟貧的「海上羅賓漢」。而在臺灣的歷史中，也曾經有過類似的故事。

臺灣，作為東亞海域上的一個重要轉運站，又盛產許多特殊的農礦產品，在十六世紀大航海時代來臨後，自然也成為歐洲列強的必爭之地，像是「Formosa」（不管是不是在講臺灣島）、「熱蘭遮城」、「普羅民遮城」、「聖多明哥城」等詞彙，都見證了臺灣與世界接軌的時代。

除了陸地上各國勢力紛紛插旗，海上的爭鬥也相當刺激。在此之前，讓我們先來一窺中國沿海的「海盜」到底是如何產生的。

根據研究顯示，早期橫行於中國沿海的海盜，大多原本就有正當的工作，但在三餐不濟的狀況下，不得不尋找「兼職」的可能，這種另類的海上事業，也就成為窮困人家度過難關的選項之一。

特別的是，當時並沒有明顯的組織系統、領導人物，只要時機好、海象佳，就會有人相揪出團，經過廝殺後的財物則會論功計酬，中國沿海甚至有「滿村都是賊」的狀況。一直到史稱「海皇帝」、「大出海」的蔡牽出現後，這種「兼差」的情況才開始有了轉變。

「大出海」蔡牽

正所謂「萬丈高樓平地起」，蔡牽最初僅是一名在中國東南沿海一帶打劫的小海賊，偶爾靠著春夏之際的季風或洋流小小地騷擾臺灣，然而這時候的他，尚未引起大清帝國的注意。正是因為政府的姑息，讓蔡牽得以日益壯大海賊團的勢力，更在習得建造大型戰船的能力後，搖身一變成為中國東南沿海一帶，具有超過兩萬名追隨者的海盜勢力。

有趣的是，據說蔡牽曾經在某次機緣下聽到「船隊不能超過一百艘，否則將會有劫難」的傳言，起初不以為意，認為這種無稽之談根本不足掛齒，但在歷經幾次征戰失利之後，蔡牽終究選擇屈服。從此，蔡牽的勢力不管再怎麼龐大，旗下的船隊終究只會有九十九艘船隻。

隨著蔡牽勢力逐漸壯大，海盜團的目光不再只鎖定於中國沿海，進而瞄準大清帝國統治下的臺灣。

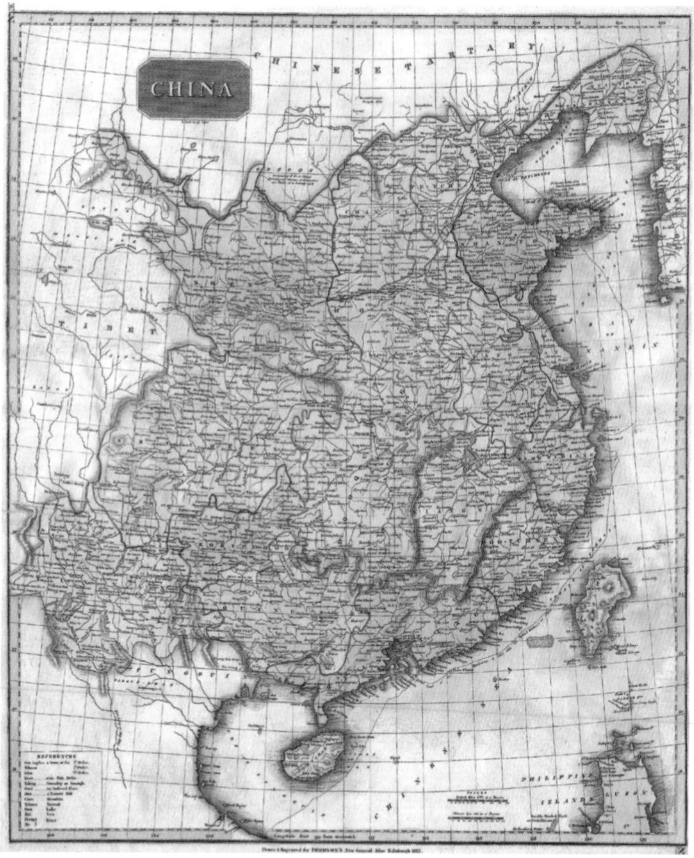

一八一五年愛丁堡製圖師約翰·湯姆森（John Thomson）所描繪的中國與福爾摩沙。（圖片來源：維基百科公眾領域）

一八〇四年，蔡牽勢力先是進攻鹿港，後犯鹿耳門，除了大肆掠奪商船、營署等機構以外，還撂下了「越五年當在此」的豪語。不久後，包含淡水、永康、東港以及宜蘭等地，紛紛傳出遭到蔡牽侵擾的消息。

在淡水一戰中，蔡牽可以說是達到了事業（？）的高峰。史料記載他身穿蟒袍、自封為「鎮海威武王」，甚至還效仿陸上帝國的思維，制定了「軍師—大元帥—元帥—將軍—總先鋒—先鋒—總兵—巡捕」等官職制度。於此同時，蔡牽更結合了另一個海上霸權——朱濆海賊團的勢力。我們應該可以想像，當這樣的消息傳到朝廷官員的耳中時，可真是一個讓人頭痛到不行的噩耗。

但可別以為海賊們都一定是既粗暴又野蠻，有些時候，海盜間的義氣反倒是種保命機制。舉例來說，凡是有繳交保護費的商船業者，蔡牽的幫眾都會發放一只「認證」的旌旗，據說只要將其安插在船上，就可以免受其他海賊的侵擾。至於有繳保護費的地區（像是當時的馬祖），

圖中的「鐵板天后宮」位於今日馬祖南竿島上，相傳就是蔡牽於嘉慶年間為了感念媽祖神蹟而建。目前廟內祀奉天上聖母、威武陳將軍、華光大帝、臨水夫人、福德正神等神明。（圖片來源：吳亮衡攝影）

蔡牽勢力則會三不五時來「巡巡」，藉此確保地方民眾的安危。

除此之外，各地關於蔡牽的傳說與神話也不少。相傳，蔡牽在馬祖一帶航行時曾經受大霧所困，只見一位疑似媽祖的神明提著燈籠來引路，不久後，蔡牽一行人巧妙地避免了擱淺的命運，為了感激媽祖的協助，蔡牽遂在馬祖建立廟宇，以示感謝。

成功男人背後的偉大女人：蔡牽媽

俗話說：「成功的男人背後都有一個偉大的女人。」這句話用在蔡牽的航海生活可一點也不為過。相傳其妻「蔡牽媽」是一名善於交際的女子，同時，她也是一名剽悍的海上女戰士，擅長指揮作戰，甚至連發射砲彈也相當有準頭，最重要的是，蔡牽媽甚至有自己專屬的「娘子軍團」。

要說蔡牽媽到底有多強，就不得不說說「槍殺李長庚」這起撼動朝廷的故事。據說某次蔡牽軍隊與浙閩水師提督李長庚於在海上打得難分難捨時，只聽見遙遠的海面傳來「碰！」的一聲，原本身著武將衣服、大聲斥喝部屬的李長庚應聲倒下，當場遭擊斃。群龍無首的官兵們各個手足無措，勝利女神最終眷顧於何方，自然也不難猜想了。

就在蔡牽與蔡牽媽攜手合作下，在海上飄揚的「蔡」字旗幟也越來越有威嚇性，部將們稱蔡牽為「大出海」、「大老闆」，一旁的蔡牽媽也出現「老闆娘」的稱號，足見部將對其之敬佩。

但可別以為只有蔡牽集團對於蔡牽媽如此敬畏，據說就連仁宗皇帝（嘉慶君）都曾聽過蔡牽媽的名號！還在看完官員的奏摺後留下「即日蔡牽孥獲後，當按叛逆律嚴辦，其妻子等亦應問以緣坐，不能稍作寬坐」的經典語句。換句話說，蔡牽媽不僅是皇帝認證的難搞，更被認為是蔡牽集團意見領袖，甚至扮演了集團裡頭最重要的首腦角色。

不過好景不常，叱吒於海上的蔡牽軍團在蔡牽媽過世後，頓時失去一位智勇雙全的大將，因而逐漸走下坡。

在蔡牽媽死後，官方檔案則留下一段相當耐人尋味的說明：「據船戶報稱，蔡牽之妻因在臺灣打仗身受鎗傷，瘡發身死。此亦一好機會，聞蔡牽之妻素為主謀，該逆惟婦言是聽，今已身死內無助惡之人，該逆必心忙意亂，官兵正當乘其窮蹙之時，圍擒誤獲。」這段公文除了寫出蔡牽媽身受重傷的原因，也再一次強調蔡牽相當聽「老闆娘」的話，所以整個集團的「主謀」，恐怕不是蔡牽，而是他身旁的那位女性！

儘管民間對於蔡牽媽的死法多有說法（像是與蔡牽一同墜海而亡、遭到砲擊後身受重傷感染而亡等），甚至也出現多位與「蔡牽媽」有共同特徵的女子傳說。但不管如何，我們可以知道，在那個大海盜時代裡並不全然是男性的天下，女性依然可以在海上樹立自己的地位和名聲。

海賊遺留的傳說與祕寶

身為清代嘉慶年間大海賊的蔡牽，留下來的故事與傳說相當多，對其評價或許能從傳說中一探究竟。

在收取保護費的地方，可能因為平時生活過得相對安寧，也因海上安全獲得保障而有許多對蔡牽的正向傳說。反觀彰化王功一帶則視蔡牽為禍源，祈求神靈幫忙擊退。對於一個人的評價，從不同的角度來看，會得到很不一樣的結果，如何客觀看一個「人」也許不是件容易的事。但既然是大海賊，當然搭配著寶藏傳說最對味了！

馬祖有段流傳百年的順口溜：「芹囝芹連連，七缸八缽九排連；大水密賣著，小水密鼎垰；誰人得的去，快活千萬年。」傳說誰能解開謎底，就能得到一筆數不清的金銀財寶。但這個版本和馬祖附近的東引島流傳的版本有些不同，東引島上流傳的是：「吾道向南北，東西藏地殼；大水密賣著，小水密三角。」（「密」在福州是「淹」的意思；大「水」是大「潮」之意。）這兩句當年由這位「海皇帝」留下的寶藏謎語，至今仍未解，你要不要試試看呢？

對應課綱

高中：臺灣歷史上的商貿活動

國中：十六、十七世紀東亞海域的各方勢力

2／那些年，齊聲向慣老闆 SAY NO 的勞動者們

作者：吳亮衡

近年來，報章雜誌上勞資爭議的新聞屢見不鮮。如果還有印象，二〇一二年全國關廠工人連線抗爭事件、二〇一三年國道收費員抗爭事件、二〇一六年中華航空勞資爭議事件，而在二〇一七年一月，我們甚至看到部分臺灣鐵路局的員工高聲抗議高層從未正視輪班制度的缺點，造成員工工時加長、薪水減少，一度揚言在要該年春節期間以罷工的方

式捍衛自己的權益。

然而，除了長期關注勞工議題的人，大多數的人可能要等到「某某團體又抗議了」、「某某組織揚言絕食抗議」等聳動的標題出現後，才透過電視媒體、臉書懶人包來惡補該起抗議事件的來龍去脈。可見，大多數的媒（大）體（眾）並不會特別關注於勞工議題，除非抗議者在行動中出現臥軌、絕食、罷工等激烈的抗爭手段，才會成為成為媒體圈的寵兒。

實際上，臺灣人對抗不公不義的精神，可不是這些年才出現的。

若把目光拉回到近百年前的日治時期，整個臺灣島幾乎都籠罩在勞工抗爭的風潮，全臺各地的工會接連以「罷工」的方式，向資本家和殖民政府表達最沉重的抗議。

政治結社成為抵抗的利器

一九二〇年代初期，日本本土深受「大正民主」的影響，在政治上提倡勵行法治以及保障人民的權利，到底要在殖民地施行什麼樣的統治政策，也成為民主人士的討論重點。只不過到了一九二〇年代後期，由於世界各國開始流行起「社會主義」風潮，許多有志之士的思想重心開始轉到勞工與資本家之間長久以來的關係。處於這個思想蓬勃的年代，臺灣社會運動的走勢也受其牽動著，其中又以臺灣文化協會的改變最為明顯。

一九二七年一月二日，一年一度的臺灣文化協會全島臨時代表大會在臺中公會堂召開，當時正是臺灣社會運動的高峰，也是文化協會內左、右勢力正式決裂的一個關鍵年代。在舉行投票前，兩大陣營的人士就不斷在報章媒體隔空喊話，一方認為應該從體制外進行改革，另一方則強調延續體制內路線的重要性。

實際上，部分成員早就意識到在殖民體制的大框架下，倘若臺灣文化協會繼續遵循體制內的溫和請願路線，那麼廣大農、工階層最關心的經濟問題，就無力提供協助與指導，組織自然會流失支持者。

就在雙方互不相讓之際，投票結果終於出爐，以連溫卿等人為主的左翼勢力獲得空前勝利，曾經引領文化啟蒙的臺灣文化協會正式擺脫過往的溫和路線，史稱「新文協」的組織正式成立。

「新文協」的成立，象徵臺灣社會運動走向另外一波風潮，許多積怨已久的勞資糾紛，也在這些懷抱社會主義思想的組織相繼成立後，掀起一連串改革運動。其中，一場來自高雄的罷工行為，不僅讓勞工運動邁入另一個高峰，更迅速地串聯臺灣各地的工會團體，引發震驚殖民政府的「全臺總罷工」。

來自高雄的第一把烈火

一九二七年四月，長年受到淺野洋灰會社壓迫的勞工們在臺灣民眾黨員黃賜等人的倡議下，吸引了近五百多名勞工率先連署成立「高雄機械工友會」，在眾人的推舉下，一名叫做王風的有為青年出任工友會會長，作為與資本家斡旋的代表。

淺野洋灰會社向來將員工的僱傭條例、勤務規定、待遇等當成內部規定而不公開，工友會於一九二七年十一月十三日發表其制定的員工就業規則、員工扶助規則等條件，並推舉黃賜為員工代表，向淺野洋灰會社提出四點要求：

一、準備出勤簿，厲行上班時間。

二、貸借宿舍給本島人員工。

三、決定最低工資額。

四、增加加班津貼。

原先信心滿滿的眾人將此要求提給公司，沒想到卻遭到淺野洋灰會社一口回絕，一度引起不小的爭議。

不出一年，另一名水泥職工吳石定因被指控傷害罪而遭警方逮捕三個月。沒想到會社竟以曠職三個月為由，無預警地將其解僱。工友會見狀，便代其向會社請求復職。有鑑於過去的經驗，一旦遭解職的員工再度復職時便無法享有原先的待遇，黃賜便建議吳石定，應該更積極地向會社要求按照先前工作的標準持續計算工資。

然而，吳石定的案件再次石沉大海，黃賜等人便組織工友會員一共四十一人，向會社進行更加激烈的抗爭行動。殊不知，淺野洋灰會社利用此機會對外聲稱，所有參加復職運動者皆屬不當行為，並發布人事命令，旋即將這四十一名員工全數解僱。

同一時間，臺灣鐵工場也出現了勞資衝突事件，而這一次的主角，則是王風。

自從王風當選了高雄機械工友會會長後，不時替勞工們爭取權益的形象早讓資本家恨得牙癢癢的。好不容易，臺灣鐵工場在某次機緣下逮到王風的小辮子，馬上以「業務不振」的名義將王風免職。聽聞這項人事命令後，工友會會員無不群情激憤，要求鐵工所立刻道歉並將王風復職，否則將以「總辭職」的方式表達抗議。四月六日，將近百餘名工人還真的提出了辭職，此外也有一百二十餘名工友會勞工開始罷工。

黃賜知道此一消息後，除了不定時向全體員工報告交涉始末外，更向臺灣民眾黨幹部蔣渭水等人尋求支援，不久，蔣渭水、謝春木、盧丙丁等人皆抵達高雄進行聲援以及指揮。

為了準備打持久戰，「淺野洋灰罷業員工總指揮部」作為運動的中樞，其下再分別設置了宣傳、救濟、罷業、監視四個部門，同時製作及頒發指令、海報，每夜召開演講會等，致力於宣傳及號召團結。

高雄機械工友會會員在臨時事務所前留影。（圖片來源：蔣渭水文化基金會提供）

工友會透過臺灣民眾黨於全臺各地舉辦同情演講會，四天後，將北部募得的物資分送給參與罷工的勞工，並在高雄市田町、內惟（今日鼓山一帶）等二十個地方設立臨時工友會出張所以及糾察隊駐在所，前者提供休息、討論的空間，後者則組織每隊數人的遊行隊巡行於附近村莊，以阻止淺野洋灰會社招募臨時員工。

淺野洋灰會社當然不是省油的燈。為了抵制罷工團體，特地在會社內設置員工宿舍並給予相對的優待條件，雖說因此獲得了五十多位的復職者，但在工友會的監視之下，大多數的員工仍然堅持罷工。

對此，淺野洋灰會社再次發布解僱一百七十八名罷工團員的命令，但到了這個時候，大部分的員工對於長時間的罷工已經顯得興趣缺缺，復職的復職、歸農的歸農，再加上糾察隊的活動走向尖銳化，在五月十三日的一起衝突下，工友會成員被控以暴行威脅嫌犯之罪遭到取締，黃賜、梁加升等三十一人遭到逮捕，整起事件才宣告落幕。

全島大罷工

在高雄機械工友會的紛爭爆發後，不只是高雄地區開始串聯起罷工團體，位於臺北的「臺灣機械工會」也發表了嚴正的抗議，此外，下令全部工會群起抵抗蠻橫的資本家。

自一九二七年四月開始，全臺各地的工會有如遍地開花似的，從基隆、臺北、桃園、新竹、苑裡、通霄、苗栗、豐原、臺中、彰化、嘉義、臺南、高雄、屏東的工會共同進行「同情罷工」的運動，也和警察機關爆發了一波波的衝突事件，各地活動中估計有百餘人遭到逮捕。

除了勞工團體以外，來自東港以及潮州兩地的農民組合則發起「一人一斗米」的徵集運動，最後將募集而來的白米二十袋、番薯百餘袋寄送到罷工現場，臺南機械工會則贊助了二百餘圓的現金，以此表達聲援的態度，一時間，全島都籠罩在一股打倒資方的氛圍。

自己的權益自己救

自高雄臺灣鐵工所罷工以來，各地工人一齊奮起，未組織的趕緊出來組織工會，組織完成的工會就去積極援助高雄鐵工，其勢之急速擴大，使在臺灣貪眠苟安的官僚和資本家，都被叫醒。

一九二九年元旦，有著「臺灣人唯一機關報」之稱的《臺灣新民報》整理出臺灣工友總聯盟自成立以來的業務報告，十五件由工友總聯盟輔導的抗爭中有九件成功、三件失敗、三件局部獲勝。罷工的結果可謂幾家歡樂幾家愁，儘管有些許勞工成功地爭取到自我權益，然而也有像臺南理髮業者的悲慘例子。

一九二八年八月，臺南理髮工友會要求改善待遇條件，起初有五十多名剃匠實行罷工，儘管組成了工會組織，但始終無法和企業主達成協議，最終在多數業主祭出「自己來」和「沒人我再請人就好」的絕招

臺灣工友總聯盟成立大會。（圖片來源：蔣渭水文化基金會提供）

後，許多困於生計的剃匠只得紛紛放棄罷工，但再也沒有其他理髮業主願意聘請這些曾經支持過罷工的失業人士了。

一九二〇年代末期從高雄引起的勞工抗爭事件，點燃長期以來勞資地位不均衡的現象，也突顯出殖民地體系下臺籍勞工的剝削實況，或許也因為這樣，當工友總聯盟開始以經濟鬥爭為手段、政治解放為目的進行遊說、組織時，全臺各地的勞工義無反顧地加入這一場戰局，爭取自身應得的權益。只可惜，就在這聲勢勞工意識逐漸壯大之時，卻傳來臺灣民眾黨被勒令解散的消息，再加上同年八月蔣渭水病逝，這個以臺灣勞工運動的主流團體，就在成立不到兩年後的一九三一年逐漸走入歷史。

對應課綱

高中：日治時期的人權情況與政治、社會運動

國中：新舊文化的衝突與在地社會的調適

3／戰後初期的臺灣農民，手中的稻米何去何從？

作者：李盈佳

一九五八年一月，一本名為《肥料淺說》的書籍出版了。出版目的在於宣傳政府的政策。終生獻身藝術，作品涵蓋版畫、速寫、水墨、油畫、攝影、漫畫、雷射、美術設計、獎座設計、雕塑、景觀規畫的藝術家楊英風，為這本書設計了封面。

曾經有人這麼分析這幅被印成封面的作品：「楊英風以速寫的方式

描繪稻穀收割時，農村忙碌的情景。畫面前方的農民手裡抱著一大束剛收割的稻穀，臉上滿是笑容，似乎在宣告只要用對肥料，稻穀就會豐收。以較粗的線條描繪前方的農民，有意與『肥料淺說』四字相呼應，而農民背後農忙的情形則變成背景。」

楊英風設計的《肥料淺說》封面。（圖片來源：財團法人楊英風藝術教育基金會提供）

肥料的施用，確實對米穀的產量有所影響。但是，戰後臺灣的農人，真的會像這本書的封面一樣，抱著自己的心血，如此燦爛地笑嗎？關於這個問題，我們必須打上一個問號。

肥料換穀政策不到半年告終

第二次世界大戰終止以後，中華民國政府開始對臺灣實施一系列與糧食有關的政策。那些政策有一個共同的目標，就是從臺灣取得糧食。一九四六年開始，中華民國政府開始要求臺灣定期向海外輸出糧食——糧食的去處，是政權所及的缺糧地區，以及對中國共產黨作戰的部隊。從不斷自臺灣輸出糧食的作為來看，中華民國政府有意將臺灣當作後勤米倉。

除了養軍隊，中華民國政府也要養公教人員，在將糧食提供給軍公教之餘，還想將糧食外銷以賺取外匯。於是，提高臺灣的米穀生產成為重要的政策目標。那麼，怎麼讓臺灣的米穀產量提高呢？

官員把期許落到了肥料上頭。一九四六年初，臺灣省行政長官公署想辦法進口了七千噸的肥料。由於當時被分配到糧食增產任務的單位是公署轄下的農林處，這批進口肥料便由農林處來負責處置。

根據當年農林處的報告，原本這批肥料是要「賣」給農人的，但在推想如何「賣」的時候，農林處面臨了價格訂定的難題——日漸嚴重的通貨膨脹，使得官方一不小心就會損失慘重，若想要避免損失，勢必得提高售價，但如此一來，高昂的肥料價格又難以被接受。

面對這個窘境，農林處官員想出來的辦法，就是第一次的「肥料換穀」了——物物交換，無涉金錢，比起絞盡腦汁訂定價格，似乎容易許多。況且，一旦用肥料換取米穀，官方遞出肥料之際還可以得到心心念念的糧食！然而，這一次的「肥料換穀」政策，很快便終止了——四月二十六日公告實施，九月二十五日停止辦理。

對此，農林處提出了一連串解釋，包括糧價下跌造成政府高額虧損、另一個向民間吸取糧食的政策「田賦徵實」使得農人可以拿來換取肥料的米穀實在已經不多了等等。

「田賦徵實」政策源於戰後初期，以〈戰時田賦徵收實物辦法〉為依據，依照農地登記的級別決定單位面積的基本賦稅額，再乘以政府決定的實物徵收量，即為農人「必須」繳納給政府的米穀。而若農地未插秧，無穀可繳，政府則會要求農人換算成貨幣來繳納。這樣的制度實施八年後，當〈戰時田賦徵收實物辦法〉被改為〈田賦徵收實物辦法〉，辦法名稱少了戰時這兩個字，是不是代表局勢好轉？沒有。至少對農人來說，負擔只有更重。

回到第一次「肥料換穀」的失敗。造成政策失敗的原因，恐怕不是像農林處所提出的解釋那樣。主要問題還是：肥料與米穀流通的過程經過太多單位，又有各種時間差，加上農林處既缺乏管理肥料的經驗也缺乏徵收米穀的經驗，使得政策執行之際屢屢出錯。一連串的「出包」使得農林處在政策喊卡好一陣子以後的一九四八年三月，仍在催促各縣市政府和農會盡速結清帳目。

第一次實施「肥料換穀」不成功，但「肥料換穀」政策應該還是可以推行——當時的官員應該是這麼想的。否則，也不會有後來的事情發生了。在那批七千噸的肥料之外，行政長官公署也從聯合國善後救濟總署另外拿到了二十萬噸。不同於前一次交給農林處處理，這一次，這批肥料被交給了新成立的跨部會單位：臺灣省肥料配銷委員會，簡稱肥委會。肥委會規定，肥料價款「以收取現金為原則」。

一九四七年二二八事件發生後，臺灣省行政長官公署改制為臺灣省政府。一九四八年秋天，臺灣省政府公布了〈臺灣省政府化學肥料配銷辦法〉與〈臺灣省政府化學肥料配銷辦法施行細則〉，再度推行「肥料換穀」政策。有了先前的失敗經驗，這一次的政策比先前縝密不少，也持續實施直到一九七三年終止。

政府的肥料是良藥還是毒藥？

那麼對於農人來說，作為糧食政策一環的「肥料換穀」是怎麼一回事呢？長久以來，肥料是農家自製品，也就是說，對農人而言，肥料自己家就能生產，是可以不假外求的。雖然買肥料這件事也不是從未出現在農人的選項裡，但畢竟不是普遍選擇。那麼政府推動的「肥料換穀」政策，怎麼會有人響應呢？

事實上，政府推行的「肥料換穀」之所以能夠落實，主要原因不是政府的肥料有多麼吸引人，也不是農人想提供糧食給政府，而是對他們來說，米穀除了拿去跟政府換取肥料等物品以外，有時實在沒有更好的辦法。

如果你是當時的農人，無論什麼緣故，當你決定要向外取得肥料而不只是自製肥料時，掌握大量肥料的政府，將成為你的唯一選擇。也許你會問，為什麼不自製肥料就好呢？現實是，農會職員會用各種辦法，說服你政府提供的肥料比自製的好，營養、衛生又方便——即便這些說法難以被證實，也和農人的經驗並不相符。

但政府大力宣導，如同故事一開始提到的《肥料淺說》封面所示，強力地宣導。農會職員更會適時展現「大方」的一面。如果收成不夠，沒有足夠的米穀來換取肥料，農會職員會笑笑地說，你可以先帶肥料回去，等收成之後再「連本帶利」地「還」米穀給政府就好。

於是，農人先將肥料運回家，經歷農忙、迎接收成後，再到農會，對農會職員遞上寫著「貸放肥料回收稻穀驗收單」的紙張，將米穀繳入農會的倉庫。

表面上，政府是用肥料和農人「交換」米穀，但若將政府取得肥料的成本納入考量，換算起來，政府其實是從農人身上賺取暴利。雖然官方將肥料對米穀的比例逐漸調高，以硫酸錏這種肥料為例，從早先的一公斤肥料換一點五公斤米穀，到一九七二年的一公斤肥料換零點五三公斤米穀。但實際上，農人始終與政府處於不對等的狀態，且深受限制。

臺灣省議會在一九六八年召開的第三屆第十次大會，甚至直接指出：「省糧食局所實施的肥料換穀制，是把農民逼進不能自由購買的肥料的狀態下，更進一步地榨取其利益，農民的負擔非常沉重。」顯見穀物換肥料對戰後的農人來說，並非福祉。

戰後臺灣的執政者「依法行政」從農人手中取得大量米穀的同時，給了農人什麼？當農人日日在田裡忙碌，想辦法克服一切困難，終於收成金燦燦的稻穀，卻發現一切努力近乎白費時，能怎麼辦？

在知名作家林雙不的小說《小喇叭手》裡，主角許宏義的爸爸是這樣建議兒子的：「我和你老母無論多辛苦，都要栽培你讀冊。阿義仔你也有親眼看到，在臺灣種田能生活嗎？肥料貴，種子貴，人工貴，稅金重，收成常常還抵不上本錢；農產品又沒有價格保證，收多了也煩惱，所以你要認真讀冊，將來不必像阿爸阿母一樣種田。種田是做牛，做的有，吃的沒有；你要做人，不要做牛；你出業了，先去工廠做工，訓練技術，吸收經驗，等到技術經驗都夠了，我們可以賣幾分地給你開工廠自己做老闆，這樣，你還能牽成你的弟弟妹妹……」

對臺灣研究很有心得的日本學者若林正丈就曾指出，「肥料換穀」制度是一種將資本從農業部門誘至工業部門的制度，而林雙不筆下的小說情節，正呼應著若林正丈的主張。

多年以後的今天，我們也許已經知道，讀冊不應該是唯一選擇，種田不應該是下下策，而工廠，也不可能永無止境地起造。但是，林雙不小說裡，許爸爸的感嘆與期許，還是厚厚實實的，擊打著我們的腦袋。

對應課綱
高中：臺灣歷史上的商貿活動
國中：經濟發展與社會轉型

4／沒有名字的造船人，和他們在造船界浮沉的人生

作者：林于煖

臺灣，這座位居東亞要衝的海島，船隻是島上人民自古對外聯繫的主要交通方式。在港邊打造出船隻的造船人，他們的名字和故事往往被掩蓋在一艘艘船的背後，不為人所見。如果你有幸遇見他們、問他們用雙手打造一艘船的故事，也不一定能得到令人滿意的回應。

「每天就是造船啊！沒什麼特別的。」很多造船人面對提問，都給

了相似的答案。林朝春，就是這樣一個默默的造船人。

來自農村的造船學徒

林朝春生於一九四〇年，桃園縣觀音鄉草漯村，一個近海農村。雖然全家生計都仰賴一小塊土地改革後得到的地，經濟狀態不理想，但在兄長們的支持下，他仍順利完成高中學業。高中畢業後，林朝春挑戰了兩次大學聯考，卻無法擠進當年的高教窄門，遂入伍服役，從小鄉村來到快速發展中的城市：高雄。

在高雄，他透過服役時的友人認識了在彭清約醫師診所工作的護士小姐蔡春枝女士。兩人相見相戀的那一瞬間，繪出林朝春往後的人生風景。

結婚後，兩人本欲定居桃園老家，卻始終找不到一份穩定的工作。

時逢一九六〇年代，國民政府希望國內公、民營業者能自行建造鋼構的漁船和貨輪，藉以發展遠洋漁業和航運業。他的岳父蔡成德便引介他到位於高雄的豐國造船廠當學徒，學習一技之長，以養家活口。

蔡成德可是個不簡單的人物。今日你到臺南安平問老一輩造船師傅，依然可聽到這些師傅對他的肯定。「他的技術在安平是最好的。我沒見過他，但他在安平很有名。」以造王船聞名文史界的新港興造船廠老闆陳金龍曾如此評論。

蔡成德在日治時期向日本造船師傅學習建造木船的技術，戰後初期因高雄缺工轉赴旗津造船。據說在國民政府接收工廠前，船廠警衛曾拿著鑰匙要他「接下」（占用）被美軍炸燬的日資船廠，他恐節外生枝便拒絕了。後來，一九六五年，豐國造船廠成立，他成為這間船廠木工部的領班，負責鐵殼船的內裝。

豐國造船廠是高雄「豐國水產公司」為發展遠洋漁業而設立的，是那時規模最大的民營船廠。一九六四年成立的豐國水產至今仍是臺灣水產業龍頭，其成立跟政府欲發展遠洋漁業有關。根據當前研究，一九五〇至六〇年代，政府祭出低利貸款，鼓勵漁民建造鋼構的遠洋漁船。當時民間資金不足，漁業界反應冷淡。於是，農復會與高雄區漁會協商，決定由漁會的理事長蔡文賓，與陳水來、莊格發、柯新坤（光陽機車的

林朝春入伍後的留影。（圖片來源：林于煖提供）

創辦人）等人合資，共同成立豐國水產股份有限公司，委託公營的臺灣機械公司建造遠洋漁船，作為業界的示範。

不過，臺灣機械公司的造船效率無法配合業界需求。其中一位創辦人陳水來霸氣決定，自己的船自己造！他出資買下原先製造木船的滿慶造船廠，聘請原於中國漁業公司服務的黃正清擔任廠長，「掛了牌、招了一批工」就開始造船。在黃正清的帶領下，豐國船廠快速大量地生產鐵殼漁船，讓水產公司毫無「缺船」之憂，開心航向各大洋高唱「捕魚歌」。

除了驚人的造船產量，豐國船廠為人稱道的，還有他們的人才培育制度。除了扎實的學徒制，訓練出鐵殼船製造所需的技術人才（如鐵工、焊接工），公司每年還出資讓廠內員工到省立高雄海事專科學校（今國立高雄科技大學）進修，培育出新一代建造鐵殼船的造船師傅，填補了戰後臺灣造船業的人才缺口。

林朝春，就是豐國船廠從學徒慢慢培養出來的「放樣工」。所謂的「放樣」，是將紙上的船圖設計標定到鋼板材料上，也就是利用工具把手中的圖依照比例放大成實際大小。放樣工雖然不是大學專科畢業的工程師，沒有受過更多的學科訓練，但是比其他技術工人更懂船圖，能憑著所學與經驗修改船型的設計。林朝春後來也走上了船圖修改的路。

一九七一年，林朝春和三位在豐國造船廠認識的朋友——許源、韓碧祥和陳國信，一同離開老東家，組了個包工團隊，替專門生產中小型船舶的三陽造船廠造船。在團隊中，他負責根據船東的喜好與需求修改船圖。造船如同蓋房子，整個工程不全由單一公司從頭到尾完成，還需要數個承包商協力。這群戰後培訓出來的技術工人，就是由承包工程起家。不久後，林朝春就獲得高雄造船廠老闆楊財壽的賞識而被挖角。

林朝春（左五）早年與其他造船人合影。（圖片來源：林于煖提供）

從學徒工變成造船頭家

當時民營造船業界的技術主要來自日本，取得途徑有四種：第一，直接重金聘請日本技師，如基隆和平島上的華南造船廠（船廠第二代即是設立高雄造船的楊財壽）；第二，聘請留日的工程師，如豐國造船廠第一、二任廠長黃正清和劉啟介；第三，藉由向日本公司購買船舶主機而取得船圖（當時沒有專利的問題）；第四，業界人士赴日進修。

林朝春採取的是第四種。一九七三年，在業界好友劉啟介的介紹下，他透過商社以商業旅遊的名義，到位於東京池袋的職業訓練所進修船舶設計半年。這個職業訓練所是針對未能考上大學的高中畢業生，使其有一技之長，同時也能滿足其時業界對於造船技工的需求。就這樣，那個當年大學聯考兩次落榜的小子，一九七三年「留日」學成歸國，回到楊財壽的高雄造船廠擔任廠長。

高雄的造船業正快速發展、蛻變。一九七〇年代山林資源枯竭，木材產量銳減，原本製造木殼船的船廠，紛紛改用一九六〇年代即引進的新材料——玻璃纖維（FRP）造船。無法自行轉型的業者，則將廠房變賣給那些有鐵殼船製造技術的造船人，或有資金進行技術升級的企業，轉型成能夠製造鐵殼船的船廠（不過最早在一九五〇年代末至一九六〇年代初便有民營造船廠嘗試製造鐵殼船了）。看著「新式船廠」如春筍般冒出，林朝春和同世代的多數人一樣，想要抓住時機，成就自己的夢想。

一九七八年，他和朋友劉啟介等人合資開設了「川永船舶工業股份公司」，從當年的學徒工晉升船廠頭家。只可惜由學徒工變成老闆的意氣風發沒有持續多久，一年後，第二次石油危機爆發，漁業界對船舶的需求銳減，林朝春的船廠和其他高雄的小型船廠一樣，因拿不到訂單而快速倒閉。身負六七百萬龐大債務的他，轉而向其他船廠租地，承包造船工程。五年後，債務已悉數全清。

一九八〇年代，全球景氣逐漸從石油危機後的震盪中復甦，蓬勃的遠洋漁業再次推升了漁業界對於漁船的需求，造船業進入發展全盛期，各路造船人也開拓出一番事業。一九八〇年曾任豐國廠長的劉啟介創立了船技社工業股份有限公司，代理進口當時臺灣尚無法自行生產、製造

林朝春與妻子蔡春枝在漁船「德富伍拾壹號」前合影。（圖片來源：林于煖提供）

的船舶機械零件。一九八四年，林朝春與從事紡織業的友人買下竹茂造船廠，設立「昇航造船股份有限公司」，擔任廠長，負責所有營運工作。隔年，昔日合作過的好友韓碧祥，也創立了中信造船股份有限公司。

一九九二年八月二十三日凌晨，麻六甲海峽發生了一起海上事故，讓昇航造船和廠長林朝春上了報紙。

當時，臺灣超低溫漁船「德富伍拾壹號」在麻六甲海峽撞上萬噸的希臘籍郵輪「皇家太平號」的側身，撞破一個大洞，損毀機艙室，導致該船在短短十五分鐘內沉入海中，郵輪上數十名乘客和員工死亡。而這艘闖禍的漁船居然只有船頭凹陷破損，不只能協助救援，還能一路駛回臺灣。

沒錯，打造出這艘堅固小漁船的，就是昇航造船。雖然從造船工程的角度來看，小蝦米「撞沉」大鯨魚不無可能，但這艘船仍讓媒體界和漁業界嘖嘖稱奇，《臺灣新聞報》的記者還特別致電採訪。

一九九〇年代，美國要求臺灣限建漁船，沒有訂單的船廠，便涉足機械製造謀生存。（圖片來源：林于煖提供）

如船隻浮沉的一生

新聞事件的火熱並沒有讓船廠生意扶搖直上。剛好相反，一九八〇年代末期開始，臺灣政府就在美國要求保護海洋資源的壓力下，實施嚴格的漁船限建政策。過去在產業榮景中如雨後春筍般長出的船廠、欣欣向榮的造船業務，面臨供過於求的難題，那些撐下來的船廠，多半也只靠替船隻上架保養的工作勉強支持著。在經濟壓力下，有些船廠開始多角化經營，涉足機械製造業，增加產品項目。有些則進行產業界的垂直整合，兼營冷凍事業，成立船隊，以漁業收入填補下滑的營收。

造船人的人生，就跟海上的船隻一樣，有些順風順水，有些在海上雖遇波折卻風雨無阻、奮力前行，有些不幸被大浪或其它船隻擊倒，沒入好幾米深的海底。當年和林朝春一起從豐國造船廠磨練出來的學徒也各有不同命運。

一九九四年，林朝春在他一手打造的「昇航造船廠」辦公室。（圖片來源：林于煖提供）

陳國信，在林朝春「脫隊」赴高雄造船廠工作不久後便死於工安意外。而日後和林朝春成為業界競爭對手的韓碧祥則事業順遂，其創立的中信造船公司如今已集團化，是臺灣數一數二的大型民營造船公司，廠房面積為民營造船業之最。

林朝春一手經營的昇航造船廠在二〇〇四年變賣給遊艇公司後，被改建成出租用的駁船碼頭。林朝春抱著不捨、落寞的心情，自此淡出造船界，不願再次踏上乘載著往事的旗津，不願回顧曾經的風光。

二〇一九年，他不敵癌魔，結束了如船隻般浮沉的一生。

這就是故事的結尾了。是的，造船人的故事很平淡，可能也缺乏英雄史詩般的動人元素，但身為島民的我們能透過記下這些「沒有名字的人」的故事，和他們臺灣造船史牽絆纏繞的一生，試著記得：每一個造船人身上，都反映了那個愛拚才會贏的時代、刻畫了臺灣興盛一時的民營造船業、記錄了這座小小的海島，在國際局勢中的身不由己。這些沒有名字的造船師傅，在他們自身如船隻般載浮載沉的生命史中，用鋼鐵般的心智，為身邊依海而生的人打造一艘艘堅穩的海上之家，今天，仍在大海中持續航行著。

對應課綱
高中：臺灣歷史上的商貿活動
國中：經濟發展與社會轉型

第三部

移民

移動的人，
與他們的產地

1／私渡臺灣的移民，與他們的海上大冒險

作者：陳韋聿

你去過臺南的臺灣歷史博物館嗎？在該館的常設展當中，有一座十八世紀中國帆船的模型，呈現了清代前期華南沿海地區與臺灣之間的航運往來，格外引人注目。帆船的甲板上，除了能夠看到渡海來臺的旅客，還有許多水手忙著裝卸貨物。有趣的是，船尾的貨艙處，幾名偷渡客正小心翼翼地探出頭來，向外張望。其中一個蓄著落腮鬍的年輕人，

微微蹙起的眉眼，顯露了心裡的疑懼與不安。大概因為表情太生動的緣故，他經常出現在遊客的相機鏡頭裡面，相當受歡迎呢！

在臺史博所建構的歷史場景當中，這個名叫「鄭阿興」的角色，其實反映了清代前期漢人群體移民臺灣的偷渡風氣。大清國統治臺灣的時候，曾有所謂的「渡臺禁令」，針對來臺移民設計了許多條件限制。條件不符的人，只能偷偷摸摸地乘坐帆船，試圖躲開官府的查緝。

躲在貨艙裡的鄭阿興，顯然也是偷渡客群體裡的一員。但他究竟違反了哪一條規定，而不能光明正大地出現在甲板上呢？在偷渡的旅程當中，他可能遭遇到哪些危難？而在離開這艘帆船之後，等在他面前的，又會是怎麼樣的未來呢？

小心翼翼從船艙中探出頭來的鄭阿興。（圖片來源：陳韋聿提供）

他們離開故鄉的理由

在討論鄭阿興的渡臺之旅以前，我們不妨先想想他離開家鄉的緣由。有句古話叫作「安土重遷，黎民之性」。意思大約是說，傳統農業社會裡，人們多半長久居住在一個地方，不會輕易搬遷。雖然如此，中國歷史上還是經常出現一些大規模的移民潮。許多時候，這些移民是因為原來居住的地方發生了戰亂或災荒，生存條件變得糟糕了，只好跑去別的地方尋找謀生機會。

用地理概念來說，這就是原鄉環境的「推力」，把老百姓推出了自己的家，十八世紀以後渡海來臺的移民潮正是如此。那時，中國東南沿海地區的人口迅速膨脹，但這些省分的可耕地嚴重不足，於是，像鄭阿興這樣的年輕勞動力只能向外移動。而在當時，許多人共同選擇的落腳處，就是仍有大片土地亟待開墾的臺灣。

話又說回來，鄭阿興為什麼不能像個普通旅客一樣，在船隻靠港以後就走下船掏出證明文件，大大方方地接受官府的查驗呢？

答案很可能是：他的籍貫出了問題。在臺史博的故事設定裡面，鄭阿興出生在廣東省東部沿海的潮州。然而，根據巡臺御史黃叔璥的說法，「渡臺禁令」的其中一項規定便是禁止潮州（以及鄰近的惠州）人前往臺灣。清政府的想法是：潮州、惠州一帶是海盜集團經常出沒的地方，如果海盜們聚集在臺灣島上，搞不好又要出亂子。實際上，清代前期的臺灣統治，確實一直著重在「防範」而非「治理」，會有這樣的考慮，也是很自然的事情。

而除了籍貫問題，出現在貨艙裡的其他偷渡客也可能有種種不得已的苦衷。比如「渡臺禁令」裡面還規定老百姓不准攜家帶眷到臺灣定居，這可能說明了鄭阿興躲藏的貨艙裡為什麼會出現一個年輕女性。此外，想要循正常管道渡海來臺的人，還得申請證明文件（所謂「照單」）。要是沒有向政府請領到這些文件，也就只能選擇搭乘偷渡船隻了。

還有一種風險，是普通帆船的乘客在港口邊可能得面對官吏的勒索——在清代臺灣，這是十分尋常的一種腐敗風氣。實際上，館方在這個歷史場景裡，也復刻了一塊實際存在於高雄旗津的「嚴禁勒索以肅口務示告碑」，就是在說明官僚體系如何藉著檢查的名義，對靠港船舶上的人員索取賄賂。如果是偷偷上岸，大概就可以免去這樣的麻煩了吧！

總而言之，包括鄭阿興在內，每個偷渡客都有一個鋌而走險的理由。那麼在清代，選擇偷渡的這些人，又可能會面臨什麼樣的危險呢？

六死三留一回頭

最直接的風險，顯然來自於惡名昭彰的黑水溝。我們都知道古早時代有句俗話，叫「唐山過臺灣，心肝結歸丸」，若你有機會體驗一下臺灣海峽的風浪，你會發現糾結的絕對不只心肝，還包括你的腸胃。我自己曾經從嘉義布袋港坐著中型客輪到澎湖去，那趟旅程裡面，整船的嘔吐聲不絕於耳，十分可怕。現代船舶尚且如此，幾百年前的木造帆船，想必不會舒服到哪裡去。

而如果是偷渡客，處境恐怕只會更慘。這些人所要面對的，不僅僅是航程裡的波濤洶湧，還得小心偷渡業者的惡意，使自己陷入極危險的境地。比如一種典型的情況：船舶超載。

在攬載偷渡者的「客頭」（某種程度上可以想成現代人蛇集團的「蛇頭」）與船戶而言，他們每出一趟船，就要承擔一次被官府查獲的風險。為了在最少的航次裡面獲得最大的利潤，偷渡船上會擠滿乘客，也就不是令人意外的事情了。然而，載重量越大的船隻便越有可能遭遇海難。最近的例子發生在二〇一五年——當年的國際新聞經常有一些從北非、西亞航向歐洲的難民船，都是因為嚴重超載而不幸沉沒。這樣看來，即便是海象相對平穩的地中海，也無法讓超載船隻安全渡過。我們可以想見：在兩百多年前的臺灣海峽當中，必然也會有許多坐滿偷渡客的超載船隻，被吞沒在浪濤之中。

乾隆年間的《重修臺灣縣志》就曾經提到，當時有一些船體結構脆弱的偷渡船隻，動輒搭載數百名乘客。業者甚至會把這些人全部塞進船艙，還把艙蓋封死，只為了躲避官府的查緝。一旦這樣的船舶碰上海難，這幾百名乘客便只能絕望地在密閉空間裡等待死亡。

更慘的是，偷渡船隻的沉沒，有些時候根本是船家自己搞的鬼。按照雍正年間一個福建官員的說法，有些業者會故意在航行過程當中動手將船隻鑿沉（他們自己則有另外的船舶接應）。反正銀子已經到手，把這些偷渡客送到目的地又得冒著被官府查獲的危險，索性自己動手，葬送整船人命。

此外，清代的其他一些文獻也曾談到偷渡過程當中的其他各種風

「勸君切莫過臺灣，臺灣恰似鬼門關。千個人去無人轉，知生知死誰都難。」——〈渡臺悲歌〉（圖片來源：陳韋聿提供）

險。比如有些乘客會被丟包到外海的不知名荒島上坐以待斃，或者是被「放生」在臺灣西部海岸的沙洲上，繼而被淹死於逐漸上漲的潮水之中。看來，在清代當個偷渡客必須承受很大的風險。從這個角度來說，鄭阿興能夠成功抵達臺灣，應該還算是挺受老天眷顧的吧！

踏上臺灣的最後一步

不過，如果我們回到臺史博所設計的歷史場景裡面，阿興的運氣可能也說不上太好。因為他所乘坐的船舶正在接受官兵的查驗。從現存的清代檔案來看，其實有不少偷渡者曾經被政府按照「私渡關津」的律例，判處了八十下杖刑。偷渡的代價竟是屁股開花，若你是阿興，恐怕也不會樂意接受這樣的結果。

認真說起來，清代偷渡臺灣的移民被官府查獲的比例可能不算太高。康熙末年的臺灣知府周元文便曾說過，從鹿耳門外頭停泊的帆船上換乘小艇、潛入臺灣的偷渡者，真正被抓的「不過千百中之什一」。一個很重要的原因，是整個臺灣西海岸可以滲透的地點實在太多了，官府根本沒法掌握這些偷渡船隻要從哪裡上岸，又該從何查緝呢？

這樣看來，躲在帆船貨艙裡的阿興，可能沒有掌握到偷渡的要訣。要是他能夠從其他一些僻靜的小漁村偷偷上岸，可能就有辦法避開政府的監視了。不過，阿興所面臨的窘況倒也不是完全無解。如同我們前面提到的，清代臺灣的港口，賄賂官僚是很常見的事。在清代的一些文獻裡，我們甚至還可以看到有些軍人自己就當起了偷渡業者，專門幹這種不法勾當。總而言之，只要阿興能夠掏出一點銀子，塞進那些軍爺的手裡，他應該還是有些機會度過最後的難關，為這場危機四伏的偷渡畫下一個完美的句點吧！

在更微小的細節上，我們對鄭阿興的所知實在有限，所能做的推

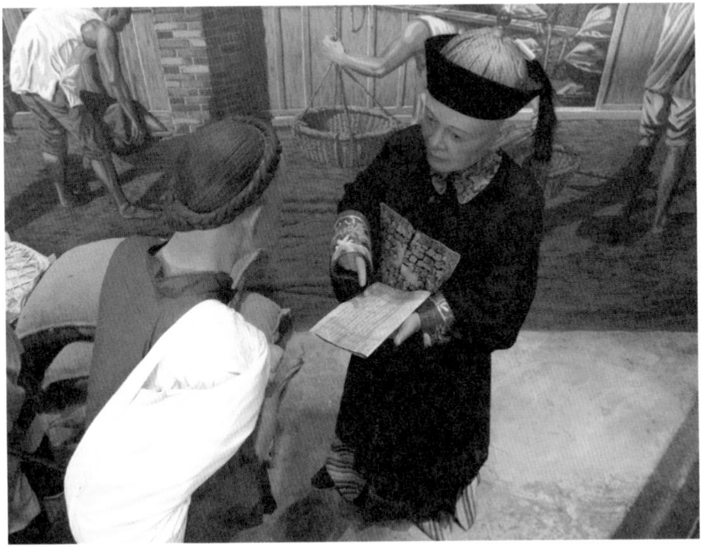

即便成功橫渡黑水溝，也有可能遇上查驗的官兵。（圖片來源：陳韋聿提供）

想大約也就僅止於此。不過，從歷史的角度出發，我們還是有機會更進一步認識鄭阿興、以及其他偷渡者所經歷的旅行過程。實際上，正在閱讀這篇文章的我們，祖先們很有可能也像鄭阿興一樣懷著惴惴不安的心情，經歷過種種磨難，才終於能夠在臺灣落地生根。這座島嶼應許了當日的人們對於生存的祈求，也應許了數百年後，你的誕生。

阿興的故事，可能也是你的歷史、你的故事。也許，臺灣島上世世代代的生命繁衍，正是鄭阿興與他的夥伴們曾經殷切想望的美麗未來。

對應課綱

高中：早期移民的歷史背景及其影響

國中：清帝國的統治政策

2／烽火下的軍夫軍屬，被埋葬於時代的喧囂中

作者：吳亮衡

對於許多歷經過日治時期的臺灣人而言，「被徵調到南洋當軍夫」是相當重要且無法忘懷的生命記憶。生活在太平盛世的我們可能很難想像，在戰爭期間，二十到四十歲不等的青壯年接續踏上生死未卜的征途，這些青年可能你是家族成員、街坊鄰居踏上征途的別離之苦，甚至，自己就是那個與親友訣別、未來生死未卜的「榮耀の帝國軍夫」。

什麼是「軍夫」和「軍屬」？

最初，在日本軍部的規範中，只有軍人和軍屬的差別。從階級來看，由上而下分別是軍人〈軍馬〉軍犬〈軍鴿〉軍屬〈軍夫〉。換句話說，「軍屬」是以非正規軍人的身分受僱於軍方，再細分為「文官」、「僱員」、「傭人」三種階級，專門處理軍中的大小勤務事宜。「軍夫」則是完全被排除於正規的軍方體系之外，任務是運輸戰場的糧食、彈藥等戰備物資。

若要用更白話一點的方式來解釋「軍夫」和「軍屬」的相同之處，大概就是兩者的身分位階連日本帝國的軍馬、軍犬、軍鴿還不如，且不被認為是正規軍人。

不過，在薪水方面，軍夫和軍屬的俸餉卻算是相當優渥，軍夫的月薪約三十圓，軍屬的月薪則是三十到一百五十圓不等。當時的警察月薪僅有三十圓、海陸軍二等兵月薪僅有六圓，可以看得出來就連地位最低的軍夫待遇都比正規軍人來得高，這也提供了殖民政府「強徵」軍夫、軍屬觀點的另一種思考方向——確實有許多人是因為經濟因素而「自願」去當軍夫或軍屬的。

大抵而言，作為日本帝國的殖民地，臺灣的軍夫和軍屬都是在一九三七年中日戰爭開打後大量被動員，以搬運糧食、砲彈等軍用物資

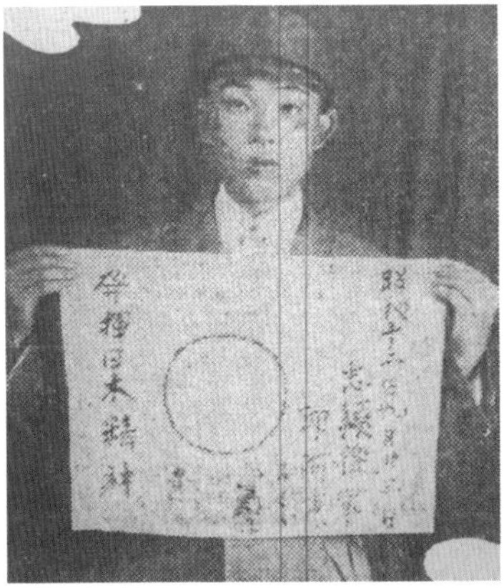

據說當時許多青年受到帝國「感召」，聽聞召募軍夫、志願兵的消息，以「血書」的方式向殖民政府展現出征的意願。圖中是來自竹東街的青年邱阿庚與其志願書合影。（圖片來源：〈膺懲の義憤　おさへ難くして　血書の軍夫志願　全島各地にあふる〉《臺灣日日新報》，昭和十二年九月二十七日，第五版，國立臺灣圖書館提供）

為主要任務。

隨著日本帝國對外戰線擴張，臺灣總督府開始有系統地組織各種具備特殊技能的團體，例如以農業為主的「農業義勇團」、「農業指導挺身團」、「臺灣特設農業團」，技術為主的「臺灣特設勞務奉公團」、「臺灣特設勤勞團」、「臺灣特設建設團」等等。這類軍夫的服勤時限以一年為期，但若遇到傷、殘等狀況，部分軍夫、軍屬可以提早回家鄉養病。當然，也有因為交通被戰事封鎖，長時間留於國外的紀錄。

到了一九四一年太平洋戰爭爆發後，日本的戰線也逐漸轉往南洋地區。由於軍需人數越來越多，現今深埋在許多臺灣人心中的「南洋軍夫」，大致就是在這段期間出去的。同時期派出的，還有同樣深植於臺灣人歷史記憶中的「高砂義勇軍」。最有名的案例，大概就是一九七四年十二月在印尼叢林中被發現的史尼育唔。

李光輝返抵祖國

接受謝主席贈金後即未見行蹤

（三）被迫遠赴海外作戰

戰友談入伍後的李光輝

上圖為臺灣省主席謝東閔（右）接待李光輝（左二），並贈送慰問金新臺幣五萬元。下圖中為李光輝，左右兩側為妻子李蘭英和兒子李弘。（圖片來源：《中央日報》，中華民國六十四年一月九日，第三版，國立臺灣圖書館提供）

史尼育唔出生於臺東縣成功都歷部落，少年時就讀都歷公學校，由於擅長棒球運動，曾經代表臺東廳到臺北進行棒球比賽。一九四三年十月，史尼育唔被編入高砂義勇軍時，名字為「中村輝夫」，經過短期訓練，隨即被派往印尼作戰。由於作戰過程中與同行隊友散失，自一九四四年十一月開始，便獨自一人在印尼摩洛泰島生活。與世隔絕近三十年的史尼育唔並不知道二次大戰早在一九四五年結束，依然堅守崗位，直到一九七四年十二月才被發現，並於一九七五年一月八日搭機回到臺灣，受到當時臺灣省主席謝東閔高規格接待，最終改為漢名「李光輝」。

值得注意的是，當時所謂的「南洋」並不全然是我們現在所認為的東南亞地區，因為在二次大戰期間，廣義的南洋也包含西南太平洋與南太平洋的區塊，例如臺灣軍夫最遠的足跡，就曾被派到今日南太平洋的索羅門群島一帶。

十二軍夫墓與一個矛盾的世代

第一批被臺灣總督府「徵傭」的軍夫，是發生在蘆溝橋事變後的一個月（約在一九三七年九月），據說是因為上海戰線的臺灣軍沒有配備後勤、補給部隊的緣故。面對戰事吃緊的中國戰區，臺灣總督府接獲調派人力的命令，就這樣，一共有八百五十名軍夫被「徵傭」，其中又有超過一半（約四百五十名）軍夫來自臺南安平。

根據耆老的回憶，一九三七年八月，安平區區長島津秀太郎為了證明安平地區實施皇民化運動教育的成功，曾向臺南市役所建議徵調安平地區人力。適逢中日戰爭開打，於是就以「日本軍部急需勞務工人」、「錄取者每日可獲得一塊半報酬」的名義向民眾宣傳。由於薪資高於平常一倍之多，體檢當天一早，抵達臺南市第二聯隊（今日的成功大學）報到者盛況空前。

吃完晚餐後，軍部要求所有人換上軍服，並說明：「隔日一早將搭乘火車到基隆車站，為了避免消息走漏，不可向家人辭別，軍部會另行通知家屬。」一直到此時，眾人才發覺此趟旅程的主要目的並不是單純的勞務工作，你看我、我看你，卻也無法改變即將踏上中國戰場的命運。

安平軍夫一路隨著日軍戰線的推進，從上海羅店鎮→上海市→嘉定→鎮江→無錫→江陰→安慶→九江，最後抵達武昌。此批軍夫、軍屬便是以日本帝國從軍人員的身分，參與了著名的「武昌會戰」。

姓名	死亡年齡	死亡原因	死亡地點	所屬部隊	備註
蔡勇傳	21歲	病死	上海工作戰醫院	高橋部隊	陸軍附屬軍夫
王阿貧	24歲	公傷死亡	屏東陸軍醫院	高橋部隊	陸軍附屬軍夫

孫口萊	23歲	戰死	上海羅店鎮	高橋部隊	陸軍高射砲附屬軍夫
黃明來	28歲	戰死	貴陽灣病院	高橋部隊	陸軍附屬軍夫
林水成	29歲	戰死	盧山	高橋部隊	陸軍附屬軍夫取締
蔡連	41歲	戰死	上海羅店鎮	高橋部隊	陸軍機關槍隊附屬軍夫
洪清山	17歲	戰死	上海羅店鎮	高橋部隊	陸軍機關槍隊附屬軍夫
陳養	50歲	戰死	上海羅店鎮	高橋部隊	其子陳阿雲一同出征，事蹟登上《朝日新聞》

陳丁	46歲	病死	上海平站醫院	高橋部隊	陸軍附屬軍夫
蔡福來	38歲	病死	臺北醫院	高橋部隊	陸軍附屬軍夫。曾參與羅店鎮、武漢會戰
李秉仁	33歲	戰死	江西省南昌	高橋部隊	陸軍附屬軍夫
謝天德	28歲	戰死	江西省彭澤	高橋部隊	陸軍附屬軍夫

*整理自《安平軍夫的故事》及筆者田野調查

從歷史的後見之明來看，安平十二軍夫墓的墓誌銘中，至少就有五名軍夫死於此場戰役。慘烈之況，令人不勝唏噓。

從最年輕的洪清山（十七歲）到最年長的陳養（五十歲），年齡差距高達三十三歲，這或許也反映出殖民政府在一九三七年徵調安平軍夫時的匆促。而仔細比對安平軍夫的死亡地點和死亡原因，也不難推測中日戰爭初期日本軍隊的移動路線和死傷狀況。

延續這樣的思考邏輯，儘管徵調的過程較為匆促，作為第一批來自殖民地的軍夫，四百五十名安平軍夫當中有許多父子、叔姪、兄弟一同被徵調的紀錄，如何描繪出戰場上軍夫、軍屬盡忠職守、光榮犧牲的「愛國形象」，就是當時最重要的事。

我們可以從一九三七年以後的報紙看到越來越多類似的「愛國の軍夫」報導。例如，《朝日新聞》就曾經以〈夕日に哀し一條子が親を焼く煙親子出征、臺灣出身軍夫の死〉一文，來形容安平軍夫陳養及其子陳阿雲的忠誠之心：

> 這時，部隊長指著旁邊的青年說：「這位青年是過世的陳養君的長男陳阿雲（20），看看他，一滴淚也沒掉，能在這荒野上葬送他父親的勇氣……」

陳養君的死是無憾的，他和他唯一的兒子阿雲以「能報答天皇陛下的恩情時終於到來」而志願留下妻子一人一起出征。

在臨終前，陳養君呼喚阿雲前來，以滿足的表情說道：「因病而死眞是抱歉，我死後你要擔上我跟你的份，努力保衛國家。能在自己的兒子的照看下過世，已經死而無憾了。」

除了報章雜誌上對於軍夫、軍屬愛國之心的報導，殖民政府在各街庄進行的祭儀則是另一個宣傳的重要指標。一九三八年，安平地區連續以「街葬」、「市葬」、「聯隊葬」的方式紀念犧牲的安平軍夫。正因為安平軍夫是戰爭時期第一批為日本帝國犧牲的殖民地軍夫，意義非凡，從地方到軍方單位都爭相舉行紀念儀式，也就不難理解了。

由於在戰爭期間無法將完整的骨骸移送回臺，除了陣亡者的骨灰外，以衣冠塚替代的情形相當常見。一九三八年五月七日於安平進行埋骨儀式，《臺灣日日新報》以斗大的「九勇士の埋骨式」標題，來記錄這個發生在臺南沿海小漁村的儀式。在報導中，也不忘再次強調每位軍夫壯烈戰死殉國時的英勇情操。

隱身於喧囂中的歷史記憶

部分在日治時期擔任軍夫、軍屬者，到了一九四五年國民黨政府來臺後，再度被徵調到中國大陸支援國共內戰。對這些長輩來說，感觸最深的並不只是身體上的戰爭刻痕，而是生活在兩種政權下的文化差異。尤有甚者，思考著自己到底是誰？應當為誰賣命？

儘管每年清明節前後仍有地方協會辦理追思活動，但「安平十二軍夫」的故事，似乎也像鐫刻於墓碑後方的文字，在沉靜中逐漸模糊。或許，這些積累已久的文化瑰寶，還靜靜地等待著那位遲來的伯樂吧！

二〇一六年十一月，總統蔡英文首次以國家元首的身分，參與位於高雄旗津的戰爭與和平紀念公園主題館所舉辦的追思活動。該館可以算

安平十二軍夫墓現況。或許是因為上方斗大的關鍵字「安平十二軍夫墓」，來往的旅客大多不願佇足，反而加快腳步往前方喧囂、熱鬧的老街商業區前進。（圖片來源：吳亮衡提供）

是全臺唯一以臺籍日本兵為主題而設的展區，不僅收藏了相當豐碩的臺籍日本兵資料，也在地方協會的努力下，連續數年舉辦與戰爭主題相關的學術研討會，更定期舉辦臺籍日本兵的追思祭儀。

這段由臺灣人為不同政權出征的歷程，正好說明了臺灣人在各政權統治下的複雜處境，而這些故事最終是否消失在時間的洪流，或許，就要看我們是如何看待「過去」，以及是否要從「臺灣」出發，正視這段漸行漸遠的歷史記憶了。

對應課綱

高中：戰爭的創傷與集體記憶

國中：殖民統治體制的建立

3／太陽旗下，那些投奔新中國的臺灣人

作者：陳力航

自古以來，臺灣與中國即有頻繁的人流、商貿往來。即便臺灣在甲午戰爭後劃歸日本，兩岸分屬不同政權，但人的流動不曾停止，日治時期仍有許多臺灣人前往中國。不過，這些前往中國的臺灣人到底都去了哪裡？追尋著什麼？又做了些什麼？想解答這些疑問，我們可以從兩個臺灣醫生的故事說起。

投共醫師吳秀全

前往中國的契機

日本時代，臺灣人因島內習醫機會競爭，所以不少人選擇到外地習醫。其中以前往日本內地的人數最多，其次是去到朝鮮、滿洲和青島等地的醫學校，這些地方要不是在日本帝國境內，就是日本的占領地。臺灣學生就讀中國人創辦的醫學校，則相對少數。

前述地點中提到的青島可能會引起疑問，奇怪，印象中青島不是中國的領土嗎？其實早在一九三八年，日軍已攻陷青島，開啟長達七年的統治。一九三九年，日本政界、醫界等人士，醞釀在青島成立東亞醫科大學（這所學校校名幾經更迭，最後改為青島醫學專門學校，即青島醫專），並在同年四月下旬開始在日本內地、朝鮮、臺灣舉辦入學考試，預計招收兩百名學生。

東亞醫科學院又與臺灣人有什麼關係呢？同年三月二十六日，具有官方、親臺灣總督府色彩的《臺灣日日新報》刊載東亞醫科大學的招生訊息，吸引許多臺灣人前來報名，出身新竹的吳秀全參加了這次考試。之後東亞醫科大學公布錄取名單，吳秀全就在其中，成為該校第一屆學生。許多臺灣學子之所以趨之若鶩，一來因為這間學校稱為醫科大學，想必可比擬當時另一間頗負盛名的滿洲醫科大學；再者，身處日本殖民統治下的臺灣人，不少對中國有所憧憬，東亞醫科大學提倡的日支共學理念，也對有志前往中國的臺灣人有著強

青島に日支共學の東亞醫科大學設立

近く臺北でも入學試驗

波蘭軍動員

國境方面に增強

東亞醫科大學的招生訊息。（圖片來源：《臺灣日日新報》，昭和十四年三月二十六日，臺灣圖書館提供）

青島醫專附屬醫院。（圖片來源：陳力航提供）

大的吸引力。

吳秀全剛入學時，東亞醫科大學的設校進程受阻，因為招聘不到優秀師資，甚至許多老師已答應前來任教，最後卻又食言。辦校延宕，加以辦學之初的設備簡陋，校舍也是借用當地中學的校舍，雖然開始上課，但課程內容及師資皆與學生心目中的醫科大學有所落差。吳秀全的同學之中亦有人失望返鄉，但是他仍咬牙堅持學業。

一九四三年，吳秀全自東亞醫科學院畢業。但從那一刻開始，他走上了與同學們極為不同的人生道路：他加入了共產黨，開始在八路軍山東縱隊從事醫務工作。而他的同學畢業後多在山東、華中的日本醫院服務，或者隨著派遣團前往海南島。其實，吳秀全早在學生時期思想早已左傾，他的同學蔡錫圭就曾回憶道：「吳秀全坐我隔壁，我知道他思想和我不太一樣。」

吳秀全與新中國

一九四五年八月十五日，第二次世界大戰結束，戰後的青島醫專歷經多次更迭，成為今日青島大學醫學院，而吳秀全則留在山東的醫療機構任職，並先後任濟南軍區總醫院婦產科主任、軍醫學校教研室主任等。日後，當青島醫專的日本校友返校參觀時，也曾與吳秀全見面敘舊。一九八〇年代，吳秀全先後擔任濟南市與山東省的臺灣同胞聯誼會會長、山東政協委員、濟南人大常委等職，並於一九八九年過世。吳秀全留下的資料並不多，僅能從《青友史》（青島醫專校史），以及訪問他的同窗來窺知一二。

致力戒毒事業的李偉光

農民運動與李偉光

李偉光，本名李應章，李偉光是他一九三五年到了上海之後才改的名字。李應章出身彰化二林，他的祖父原先在別人家裡當長工，爾後至中藥鋪當學徒、成為漢醫。他的父親李木生子承父業，也是漢醫。但是在日治時期，李木生因為不具有漢醫執照，常被日警刁難與罰款，這也種下了李應章反殖民體制、反日的思想。

有趣的是，清治時期的漢醫在進入日治時期、體認到局勢的變化後，漢醫的子弟除了克紹箕裘之外，也有不少人進入新式的醫學教育機構。此醫學校即臺灣總督府醫學校，也就是現今臺大醫學系的前身，李應章便是走上這條路。

一九一六年，李應章考入總督府醫學校，預科一年，本科四年，在學期間必須入住學校宿舍。當他在一九二一年畢業後，又繼續進入熱帶醫學專攻科就讀。一般來說，總督府醫學校的畢業生最後都是返回家鄉開業，李應章也返回二林開設「保安醫院」。

儘管出身日式教育體系，但在二林開業的這段期間，李應章卻多次與總督府抗爭，甚至因此入獄。但李應章並沒有因此而退卻，出獄之後，他更加入當時反抗殖民統治的主要團體之一的臺灣民眾黨，其言論也再次觸怒總督府。為此他不但受到警告，家裡也曾遭警方搜索。一九三一年初，李應章決定聽從一名警察江川博通的建議，停止反抗活動並離開臺灣，前往廈門。這位警察雖身為日本人，但對於臺灣的社會運動卻頗能同理，擔心李應章的安危才提出這樣的建議。

到了廈門，李應章一開始寄宿於醫學校友人的醫院裡，後來也在廈門鼓浪嶼開設醫院，以小兒科為主，在當地頗受好評。其實像李應章這樣總督府科班出身的醫師，醫術都有一定水準，當時的廈門雖有醫師執照的規定，但是取締並沒有臺灣總督府徹底，醫療水準普遍也不高，臺灣醫師開設的診所自然很受當地人歡迎。

李應章在廈門加入了共產黨，醫院更成為收容與掩護共產黨人的基地。當地政府很快就盯上他，醫院也遭到包圍。李應章因此離開廈門，前往上海，並改名為李偉光。

在上海求生存

李偉光將醫院設立在上海英國租界，之後又遷往法國租界。為救濟貧困患者，他特別規定，患者於早上十二點以前來院，僅需繳納微薄的藥費。此外，院內也設有育兒顧問部，免費為民眾提供諮詢。甚至有不少民眾以書信的方式，向他請教育兒知識。

儘管經營方式良善，但院務仍不甚順利。就在一籌莫展之際，李偉光觀察到，上海民眾吸食鴉片的情形嚴重，若開發戒斷藥物應該頗有市場，於是著手研發了「安抵毒盡」注射劑。此劑對於戒斷鴉片和嗎啡有很好的療效，上門求診的患者果然越來越多。為了應付日益增多的病患，他還特別開設了一間療養院，致力於戒毒事業。

第二次世界大戰結束後（一九四五年八月十五日），李偉光仍然留在上海執業，他不只從事醫業，也擔任臺灣旅滬同鄉會常務理事、會長，協助救濟受難的臺灣人，幫助他們返臺。他的醫院，甚至免費診治臺灣人。

一九四六年九月，李偉光回到臺灣，受到臺灣行政長官公署熱烈歡迎。此時的臺灣社會已浮現諸多問題，李偉光統統看在眼裡，並在離臺之前提醒陳儀：臺灣已民怨高漲！

一九四七年三月，李偉光再次返臺，這時臺灣情勢已經非常不同

一九四六年九月十四日返鄉探親的李應章（前排右六，與家族成員於二林保安醫院門前合影。（圖片來源：文化部國家文化資料庫、國立臺灣師範大學提供）

了，當時二二八事件剛發生不久，李偉光等人還組織了二二八慘案慰問團，但由於情勢惡劣，該團僅停留一夜便返回上海。

為此，李應章還曾上書蔣介石，信中說：「回憶三十年前之打吧呢

臺盟出席北京第一屆中國人民政協的六位代表，右二即為李偉光（李應章），攝於一九四九年九月。（圖片來源：文化部國家文化資料庫、國立臺灣師範大學提供）

（噍吧哖）事件，兇殘如日寇，燬莊剿滅之結果，尚僅殘傷數百人，而今一次騷動，良民死傷數以千計，得毋駭人聽聞呼？」此後，李偉光再也沒有踏上故土，和吳秀全一樣，留在新中國。

一九四九年後，李偉光收起醫院，轉至上海市人民政府，擔任衛生顧問與及上海市人民代表，五年後逝世。

李、吳兩人的生命歷程，可說是日治時期臺灣人對中國懷抱憧憬的另一種縮影。李偉光因為在臺從事反對運動而離臺，而吳秀全則透過在青島習醫的機會，追尋對祖國的憧憬。他們的故事，提供了我們另一種理解日本時代臺灣歷史的角度。

對應課綱

高中：早期移民的歷史背景及其影響

4／「香料奶茶」茶香中，失根的華新街住民

作者：徐祥弼

華新街，位在臺北捷運南勢角站步行不到十分鐘的這條街道，有著不少臺灣社會尋常風景中難以看見的元素——香料奶茶、烤餅、米線與彎彎圓圓的文字，那些屬於南國緬甸的日常記憶。異國風情，大概是每個走進這裡的外來者會在腦海出現的第一印象。

為什麼這裡會有那麼多的「緬甸」，又為什麼臺北近郊這條小小的

街道，會與位處大陸東南亞最西側的國家有那麼密切的連結？這些人究竟是臺灣人，還是緬甸人呢？

華新街之名

被叫做華新街的這條街道，所在行政區華新里是在一九八六年才由中和市頂南里分出，且名稱的來由據說是「取雅正語，命名華新」。然而，對於這個名字，當地人似乎有著全然不同的看法。顯然這個稱呼，或許與它的別名「緬甸街」有著更為密切的關係。據當地居民所說，「華新」隱含著「華僑新遷居於此」的暗示——這也意味著，在這裡的「緬甸」其實不完全是東南亞的緬甸，更是屬於移居南洋的華僑，以及國共內戰軍人的那個緬甸。

他們經歷了哪些流離歲月，又是怎麼移動到臺灣的呢？為什麼這些緬甸華僑會選擇來到臺北周緣的這個角落？

　　那個陰鬱的午後，我彎進了這條灰灰舊舊的街道上一間小吃店，點了份緬甸奶茶與米線，並在那香料氣息充盈的空間裡，與老闆娘閒聊了起來。她忙進忙出招呼著客人、端出最道地氣味的美食，我們的談話就這麼斷斷續續地進行。在這短暫的談話中，我終於得以稍微了解他們移

有著道地緬甸餐食的小吃店。（圖片來源：徐祥弼提供）

動的經緯，甚至是專屬她個人與家族的經驗。

問及老闆娘來臺的原因，她看著我以及那碗還冒著蒸氣的粑粑絲，悠悠說道：「當時大陸內戰，賺不到錢，聽說緬甸比較容易做生意，只好到緬甸來，那時我們生活在緬甸北方的蜜支那。後來到臺灣的其實只有生活在那裡的一小部分人，我是因為親戚是國民黨軍官，才有機會來臺灣，算是比較幸運的。」

從中國到緬甸，再到臺灣，這段跋涉似乎過於漫長，顯得魔幻而不可思議。但在兩段移動的過程中，戰爭的陰影始終隱約可見，處於劣勢的百姓為了生計只能顛沛流離。我的思緒還停留在她那略帶口音的聲音中，而老闆娘已經轉身笑盈盈招呼著剛坐下的客人。

一場戰爭、兩個中國

一切的一切，要從蔣介石與他的同志來到臺灣說起。推究老闆娘來臺灣的原因，大抵也與內戰後一分為二的兩個中國有關。那時敗給共產黨、逃到臺灣來的國民黨，試圖在這個剛經歷了五十年日本統治的殖民地重建、移植已不復存在的「那個中國」，進而讓在臺灣的中華民國政權稍顯合理、合法。

對內，積極透過「再中國化」的文化運動來形塑人民的認同，蔣介石也在一次又一次的公開發言中，強調臺灣是中華民國理所當然的基地：「我們這一代既為中華民國而生，亦當為中華民國而死，凡我全體愛國同胞，只有在青天白日旗幟之下，共同一致，擔起救國家、爭自由、維護歷史文化的使命。自由中國的同胞們。」對外，他則打著「自由中國」的名號，不斷以「華人世界最後的反共堡壘」的旗幟招搖撞騙，啊不是，是尋求海外華人以及西方諸國的認可與奧援。

一九五〇年，蔣介石對南洋華僑發表廣播談話時提出：「海外僑胞、臺灣六十萬國軍及中國大陸內部反共抗暴的力量，乃為反共三大支柱。」拉攏海外華僑的支持，因此成為此時最重要的工作之一。透過僑生政策，以及對華僑進行文化、經濟上的援助，國民黨政府試圖至少在海外戰場上贏過大敵。國民黨中常會隨即依此通過了「以外交鞏固僑務，以僑務發展黨務，並以黨務為僑務核心，以僑務做外交後盾」的方針，僑務成了當時政府的首要之務。

透過這些宣傳與招募，在臺灣的中國政府進而將自身形塑為廣大海外華僑法統上的代理「祖國」，部分華僑趨之若鶩，儘管他們根本不是從臺灣前往南洋的。華僑於是成為中華民國的政治籌碼、認同符號。

相對於老闆娘以軍眷身分來臺，在小吃店遇到的另一位客人，同樣也居住在當地的王阿姨則表示自己與家人之所以會來臺灣，是因為：「那時，臺灣在招生。我大姊先來，再來是哥哥姊姊，然後是我。華僑可以回祖國（指中華民國）念書，政府說回這邊念書可以給你身分證。」相較於在緬甸只能領「華僑證」，不能買房置產，國民身分還不被政府承認，中華民國的條件相對十分誘人。

像王阿姨這樣的僑生，只要是自願來臺灣就學、升學，不只中等以上學校均可申請保送、免試分發，並且從寬甄試。這些從北越、印尼、緬甸等「災區」回來的僑胞子弟，更有著比照師範生的公費補助。同時為了增加各大學招收僑生的意願，僑委會在與教育部商量之後，決定大學凡招收一名僑生便可補助新臺幣一萬元。早期臺大、師大、政大和國防醫學院等校為了興建新校舍，都十分仰賴這筆款項的補助。

然而，當時戰後百廢待舉的中華民國政府顯然沒有這樣的財力，還是得靠著美援的協助。這些在臺灣為數龐大的海外留學生，成為美國總統艾森豪在反共防線的東亞布局上，一個明顯可見的政績。一九五八年，他在致國會咨文中表示：「現有八千名華僑學生在臺灣讀書，等於海外華僑對中華民國的公民投票。」

來臺灣的緬甸華僑

不過，對於這些不被緬甸政府接納成國民的華僑來說，選擇移居臺灣，或許不完全是自由中國與共產中國的抉擇，另一方面也是生計與生存上的考量。老闆娘感慨地表示：「像在臺灣就好很多，雖然我們一樣是華僑的身分，可是就自由很多。」

一九八九年來到臺灣的老闆娘，碰巧在來臺灣的前一年，見證了緬甸史上最大、遭軍政府血腥鎮壓的學運。這場被清洗的社會運動，一如二十餘年前的那場排華運動，使得不少還留在緬甸的華僑選擇離鄉，尋覓其他美好生活的可能性。這群人，成為僑生、軍眷之外的另一群為數不少的來臺緬僑。

那些在中日戰爭從事敵後工作的情報人員，後來搬到了臺北士林一帶定居，一九五〇年代繼續在中緬邊界的「異域」與共產黨作戰的孤軍，則落腳在中壢龍岡、南投清境、高雄吉洋等地。而像老闆娘這群在一九八〇年代後來臺的移民，則多半選定臺北周緣地帶的中永和（如華新街）、新店、板橋、土城等地。由於當時緬甸情勢緊繃，這些人多半只能靠著親友協助，依附在舊有的緬華聚落或新興的市鎮。

來到臺灣的緬甸華僑，必須重新適應一種新語言。（圖片來源：徐祥弼提供）

小吃店的熟客王阿姨跟老闆娘一樣是在一九八〇年代來到臺灣。以學生身分來到臺灣的她，畢業後想留在臺北卻負擔不起高昂的房租。中和作為一個緊鄰臺北的新興市鎮，不只交通便利，地價也極為低廉，對她們來說是極具吸引力的選擇。另一方面，隨著經濟發展，許多代工、零件工廠為了減低成本，也紛紛選擇在這裡設廠。工廠帶來的大量就業機會，更進一步促使這些緬甸華僑們將這裡選為他們的新故鄉。

終究只能是華僑

然而，儘管不再需要時時憂心軍政府的迫害，但內心深處卻始終難以真正成為「當地人」，難以對任何一個地方有著如故鄉般強烈的羈絆或認同。在幾次聊天過程中，她們從不曾說自己是「臺灣人」，取而代之反覆出現的卻是「僑」、「中國」人。

談話中時時出現的中國，顯然不完全意指著此刻置身的臺灣。來到臺灣定居之後才終於發現，這塊土地根本就不是預想的那個國度。心目中一直期待著的那群「祖國同胞」，竟然是他者。從她們踏上桃園機場的那刻，這個「祖國」早已成了個概念性質的虛體，不復存在。地理上也已全然不同。

歷經一再的遷移失所，從中國到緬甸，再從緬甸到臺灣，如此強烈的離散移動經驗，使得他們於心態上始終難以真正地成為「在地人」，內心最深處的認同終究只是「華僑」，而無法是其他人。

這種失根的意識成為她們對自身的認知與認同，「不管怎樣，我們就還是華僑啊，永遠都是華僑……來到臺灣這個很多華人的地方，對我們來說至少也比較習慣一點啦，生活也跟自己比較相近嘛。」老闆娘在閒聊的最後，對我這麼說著。

對應課綱

高中：戰後來臺的各方移民

第四部

藝文

舞文弄墨，
也有你不知道的眉角

1／回到一百年前，口沫橫飛「說」電影

作者：李盈佳

你常去看電影嗎？喜歡什麼類型的電影呢？還記得從你在觀眾席上坐定，直到正片開始，即將一起觀影的大家都在做什麼嗎？

曾經有一段時間，在電影開始播映之前，觀眾席上的大家會齊聲高唱一首歌曲。在那首歌曲剛剛問世的時候，引吭高歌的是把電影帶到現場播給大家看的人員，觀眾則負責聆聽。不過，隨著時日推移，觀眾逐

漸耳熟能詳，大合唱的場面也就常常出現了。這首歌曲就是〈美臺團團歌〉。

美臺團，愛臺灣，愛伊風好日也好，愛伊百姓品格高；長青島，美麗村，海闊山又昂，大家請認眞，生活著美滿。

美臺團，愛臺灣，愛伊水稻雙冬割，愛伊百姓攏快活；長青島，美麗村，海闊山又昂，大家請認眞，生活著美滿。

美臺團，愛臺灣，愛伊花木透年開，愛伊百姓過日粹；長青島，美麗村，海闊山又昂，大家請認眞，生活著美滿。

啟迪大眾思想為目的

這首臺語歌曲誕生於日治時期的臺灣，創作者是蔡培火，他是臺灣文化協會的成員。所謂臺灣文化協會，是百年以前一群以「助長臺灣文化」為共同目標的臺灣人。

隨著歌聲終了，電影便開始播映。播映的有哪些影片呢？從當年唯一由臺灣人出資的刊物《臺灣民報》，我們可以看到當時巡迴播映的片單，除了有《北極動物之生態》《丹麥之合作生態》《丹麥之農耕情況》等感覺看了很能「長知識」的影片以外，還有諸如《北極的怪獸》《試探愛情》《犬馬救主》《無人島探》《紅的十字架》《武勇》《北極探險》《母與其子》等。

在當年，進場觀賞這些電影也是要付費的。不過票價或五分或十錢，並不算太高昂，原因在於對引進這些電影的人士而言，營利並不是目的，啟迪大眾的思想與意識才是。因此，只要美臺團帶著播放電影的器材來到，人們便可以前往播映地點，以幾乎就是「成本價」的票價，觀賞來自歐美各國的電影作品。

雖然美臺團這三個字後來變得很響亮，不過，它一開始並不被稱作美臺團，而是臺灣文化協會的活動寫真部（活動寫真是明治大正時期人們對電影的稱呼），成立於一九二五年，由郭戊己、陳新春、盧丙丁等

臺灣文化協會活動寫真部成員合影。（圖片來源：林章峯提供）

文化協會成員擔任辯士，也就是無聲電影時期，在電影放映之際為觀眾解說劇情的專業人員。前面提過的蔡培火，則是藉著前往日本的機會到東京購置美國製的放映機與宣傳片，於一九二六年三月中旬把它們帶回臺灣。一切就緒以後，自一九二六年四月四日開始巡迴行程。巡迴的第一站，正是位於臺南的「大舞臺」劇場。而除了劇場以外，各地的廟前廣場也經常是電影放映的地點。

一九二八年以後，這個組織開始改稱為美臺團，看起來或許只是枝微末節的名稱改換，其實並不只如此。背後牽動的，是包括資金來源與人事變化在內的種種，但那又是另一個故事，這裡就不贅言。

由於這樣的文化宣傳活動形式新穎、內容精采，原先在編制上只有一隊的活動寫真部很快地添購機器一部與影片十來卷，並聘請鍾自遠與林秋梧（後來出家，即為證峰法師）等人為辯士，加開第二隊。不同於以臺北州與臺中州為主要巡迴範圍的第一隊，第二隊以臺南州和臺中州為活動範圍。兩隊所到之處，幾乎可以說場場爆滿，連連加場。

歷史學者李筱峰，曾經寫文章介紹《母與其子》的劇情，劇情描述大致是這樣的：

一名中年寡婦撫養一兒一女，平日勤儉工作，晚間還在家替人糊紙袋貼補家用供孩子讀書，每每到半夜才就寢。兩個孩子想幫母親忙，卻反遭母親責備，要他們專心讀書。有一天母親特別疲憊，提早就寢。小孩心想，何不趁母親入睡後，起來幫母親糊紙袋？於是，兄妹倆常利用深夜母親就寢後爬起來糊紙袋。最初幾天母親尚不知情，數天後母親發現糊好的紙袋好像增加，也發現兩個孩子白天精神不好。一天夜裡，母親醒來發現小孩不在身旁，走出臥房，看到廳堂昏黃的燈光下，兩人疲倦地趴在放紙袋的小桌子上睡著了。母親走過去把小孩摟到身邊，眼淚撲簌簌而下……

根據研究者李筱峰的文章，當《母與其子》這部影片由前面提過的林秋梧擔任辯士解說，現場觀眾紛紛感動落淚，林秋梧更進一步勸告觀眾：「栽培孩子讀書非常重要，不僅男生要讀書，女生也要讀書。我們若無讀書，就無知識，無知識就要永遠做帝國主義的奴隸……」看來，在當時看美臺團放映的電影，也許有娛樂效果，但也不只是娛樂。

連官方都忌憚的電影旋風

在各地受到熱烈歡迎的巡迴放映活動，一直到臺灣文化協會因為成員理念歧異分裂後仍持續，也逐漸成為罷工抗爭時的常見活動。就放映活動的規模而言，以一九二七年為例，單單一年內便放映了九十四場，共三萬五千餘人次觀賞。可惜的是，電影巡迴放映的範圍始終偏重在西半部，而且也不是西半部各地都有觀賞的機會。

美臺團所開啟的電影旋風威力究竟有多強大呢？除了當時報載，觀看電影的人潮常常令偌大的戲院人山人海、水洩不通以外，從官方對美臺團的態度也可以窺知一二。在一九二七年八月一日出刊的《臺灣民報》一六七號上，我們可以看到一則相關消息。

消息中提到，巡迴中的放映隊要商借一處地方上的戲園作為放映場地，但戲園的園主受到官方壓力不願出借，同時將時間表排得滿滿的，接連不斷的演出歌仔戲。換句話說，官方寧願讓歌仔戲上演，也不願讓任何一場電影有機會放映。

而即便電影能夠順利放映，仍然可能因為辯士所說的內容被在場監看的警官認為不妥，進而諭令「辯士注意」甚至是「辯士中止」，而發生糾紛或衝突。至於怎樣算是不妥？有些時候是因為內容本身踩到官方界定的底線，例如用言語諷刺或影射總督府的政策，有些時候則是因為語言隔閡的緣故，再怎麼說，臺語畢竟不是日本警察最擅長的語言，誤會的產生總是難免。

事實上，早在一九二一年臺灣文化協會成立之際，蔣渭水等人士便提出以活動寫真進行文化宣傳的辦法。不過，真正的落實如同我們前面所提到的，是一九二五年以後的事了。而在這幾年之間，雖然尚未有搭配辯士演說的黑白電影可看，但島嶼上的人們仍透過不同的活動形式，把握著各種吸收新知的機會。

經歷這一系列的知識洗禮，人們是否如同美臺團團歌所訴求的，在美麗的島嶼上擁有美滿生活呢？當然沒有那麼簡單。不過，美臺團與其前後各種相關的文化活動，確實為人們帶來種種新奇的體驗，也在人們心中埋下一顆顆小小的種子。

多年以後的二〇一五年十月，成立二十一年的賴和文教基金會為了紀念臺灣文化協會九十四歲生日，發起一系列的「暖壽」活動，其中有一場活動，是在彰化火車站前齊唱〈美臺團團歌〉。據說，路過的民眾都是第一次聽到這首歌。是啊，畢竟在當年美臺團巡迴各地的盛況之後，這首歌似乎沒有機會被傳承。

〈美臺團團歌〉的詞風和曲風也許與時下的流行相去甚遠，但如果島嶼上的人們能再度聽見它，對它留下印象，那麼，當年那些曾經埋下但未能發芽的種子，是不是有機會再度萌芽茁壯？

對應課綱

高中：日治時期的人權情況與政治、社會運動

國中：現代教育與文化啟蒙運動

2／無論國旗怎麼換，都放不下畫筆的藝術家們

作者：許伯瑜

學生們分散於校園各處，各自手持畫筆，視線來回於眼前的風景與畫紙上，仔細描摹、討論著。在那個沒有美術館或美術專門學校的日治時期臺灣裡，學校中一週僅僅幾個小時的繪圖課，是臺籍孩童們極少可以接觸到繪畫的時刻。然而，誰能想到，課堂裡短暫卻有趣的時光，卻在某些學生的生命中刻下了深刻的印痕，進而培養出一群，刻畫出臺灣

歷史的藝術家們。

臺灣美術展覽會的開辦

一九二七年，在石川欽一郎、鄉原古統、鹽月桃甫與木下靜涯等日籍畫家、教師與民間美術愛好者的推動下，促使臺灣教育會開辦了全島第一個大型美術展覽——臺灣美術展覽會（簡稱「臺展」），高舉著「提高島內美術水準」的大旗，在為臺灣總督府宣揚文化與教育政策的同時，也為臺灣美術史掀起了另一段篇章。同一年，臺灣島上的藝術家們也各自磨「筆」霍霍，如火如荼準備著……

大稻埕，郭雪湖穿過熱鬧的大街，踏進熟悉的畫館，見到師父蔡雪溪時難掩喜悅之情。十八歲的郭雪湖自出師離開雪溪畫館，不到兩年的時間，他所經營的「補石廬」來客不絕，為人繪製觀音彩的工作馬不停歇。儘管出師的他早已自立門戶，但還是和雪溪畫館與師兄弟們維持著良好的關係。

無意間，他聽到師父蔡雪溪聊及近日受到總督府文教局的邀請，出席臺展。離開畫館後，他漫步於熟悉的大稻埕的街上，難掩興奮之情，暗自思忖著：是否該參賽？又有什麼可以作為好畫題呢？

臺灣美術展覽會，是以日本國內的帝國美術展覽會（簡稱「帝展」）為基礎規畫而成。仿效帝展的制度，第一屆臺展公布了徵選類別，有東洋畫、西洋畫兩部門。西洋畫是指油彩、水彩等西式繪畫技法；東洋畫則是含括了傳統水墨與日本畫。如此大規模舉辦美術展覽會，入選或獲得臺展獎項的人，勢必會受到社會與藝術圈人士肯定。

聽到這消息而振奮的不僅是郭雪湖而已。甫完成東京美術學校圖畫師範科三年的學業返臺，任教於臺南長老教會中學校（今長榮高級中學）的廖繼春，想起去年同級的好友陳澄波入選帝展的風光，也不禁躍躍欲試。

就這樣，除了郭雪湖與廖繼春等藝術領域的新秀，島內畫家從臺籍到日籍、基隆到屏東、男性到女性、油畫到水墨、年輕學子到資深前輩，他們各懷心思，使盡渾身解數，想要在這場賽事中脫穎而出。再加上政府當局與媒體的大肆報導，在臺展開幕前，報章雜誌連日為島內的名畫家與畫室進行系列專訪，報導名家們構思作品的心得和對臺展成立的感想和展望，看來勢必將有一番苦鬥的局面。

入選臺展的不二法門：「寫生」與「地方色」

一九二七年十月二十一日，臺展官方對外發表了審查結果，而這審查結果卻為鼓譟多時的臺灣藝壇再次掀起風波。令所有人驚訝的是，東洋畫部裡，當初那些活躍於報章雜誌中的名家們幾乎全軍覆沒。取而代

林英貴（林玉山）〈大南門〉，1927。（圖片來源：臺展資料庫，中央研究院歷史語言研究所提供）

之的，是三位籍籍無名，皆不到二十歲的青年入選：林玉山（時名「林英貴」）的〈大南門〉〈水牛〉，陳進的〈姿〉〈けし（罌粟花）〉〈朝〉，與郭雪湖的〈松壑飛泉〉。他們，也成了後來眾人口中的「臺展三少年」。

樺山小學校內，郭雪湖看著自己的作品雀屏中選並展示於其中，十分開心卻也感到意外。想不到當初受邀參加籌備會議的師父蔡雪溪與其他名家皆未入選，畫壇許多藝術家也認為這個結果不公，紛紛投書報章雜誌表達抗議，甚至欲積極籌備「落選展」讓眾多人一睹落選的名家作品。

然而，郭雪湖的作品又為何可以得到評審的青睞？讓我們試著分析：〈松壑飛泉〉一作乍看與傳統水墨畫中描繪的景色無異。畫面分為近、中、遠三景，遠景以高聳山林群繞，山壑間亦有飛瀑留下，以留白營造水氣氤氳。中、近景則有松林長於谷間，潺潺流水於其間流過……

且慢，從其中我們還可以看出一些端倪。在構圖上，此作放棄傳統水墨中的「高遠」、「深遠」的多視點構圖，縮短了長寬比之「長」。

陳進〈姿〉，1927。（圖片來源：臺展資料庫，中央研究院歷史語言研究所提供）

而山石描繪卻特別表現物體肌理，刻意凸顯物體明暗的效果，呈現出強烈的「寫生」意味，被普遍認為是受評審青睞的主因。

「寫生」的概念是在日本殖民臺灣後所引進的新式美術教育，有別於傳統學習水墨畫的臨摹。當時評審員甚至指出，所有因襲傳統繪畫，毫無創意的、臨摹之作品是難以入選的。由此我們可了解「寫生」這一概念的重要，是搶下入選臺展門票的不二法門之一。至於另外一個不二

郭雪湖〈松壑飛泉〉，1927。此幅作品被認為以傳統寫生為媒介，體現寫實於自然環境的「寫生」概念而入選。但後世學者卻也指出，該作應該也有部分取自臨摹。（圖片來源：郭雪湖基金會提供）

法門，則是臺展所強調的「地方色」。

於是美術展新成，可爲本島文化興隆取資之助。顧本島有天候地理一種特色，美術爲環境之反應，亦自存特色固不得言……

總督上山滿之進在首屆臺展的開幕會上，對著與會來賓如此說道時，似乎也為臺展日後的走向定了調。如何呈現「本島天候地理之特色」，成了藝術家們共同的課題。如何展現臺灣島上的特色？臺灣的山川風景、人物形象（原住民、客家人、漢人）、民間習俗、傳統信仰，這些極富「臺灣味」的元素，紛紛成為「地方色」的入畫題材。

臺展入選名單公布之後，眾人們關注於東洋畫部的紛紛擾擾，似乎忽略了西洋畫部的捷報。許多臺籍藝術家入選，於此之中，廖繼春以〈靜物〉與〈裸女〉兩幅作品入選，〈靜物〉一作甚至還贏得了特選。

廖繼春〈靜物〉，1927。（圖片來源：臺展資料庫，中央研究院歷史語言研究所提供）

無論是水果靜物，或是豐腴的女性身軀，作品中的寫實描繪在在展現了其扎實的技法。

除了廖繼春，先前入選帝展的同學陳澄波也於這次比賽中脫穎而出，他們於東京美校的學弟陳植棋也一同獲得了特選的殊榮。無論對入選的藝術家們或廖繼春個人而言，入選臺展確實是一個肯定，對他們的藝術生涯也是一個好的開始。翌年的帝展中，便可見到這群留日青年藝術家的佳績：廖繼春以描繪老家的作品〈有香蕉樹的庭院〉初登帝展，加上陳澄波與陳植棋的作品紛紛入選，這些藝術家們以臺灣風光入畫，描寫南國景色的作品，也同時引起東京畫壇的注目。

從「臺府展」到「省展」

一九四五年，當日本天皇「玉音放送」宣告戰爭結束時，臺灣的藝術家們也如同一般民眾，面對回歸中華民族而感到狂喜。藝術家與許多社會菁英對新政府懷抱著希望與期待，並熱中參與公共事務。然而，戰後經濟的凋敝與困頓，卻使得畫家們有著壯志難伸的感慨。正當眾藝術家困擾之時，一位音樂家的介入，意外促成了日後的「臺灣省全省美術展覽會」。這個音樂家，就是當時的臺灣省交響樂團團長，也是少將參議的蔡繼焜。

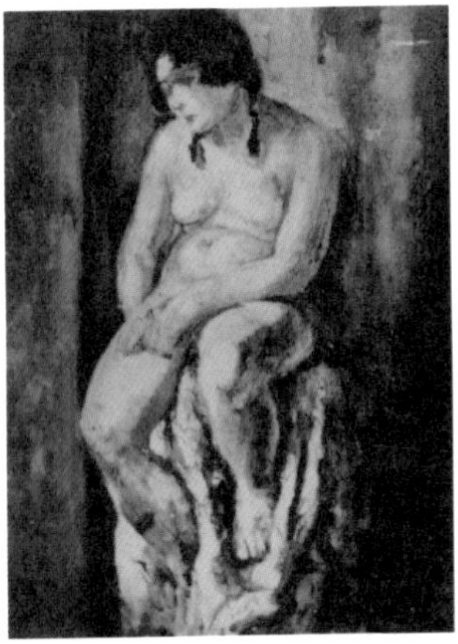

廖繼春〈裸女〉，1927。（圖片來源：臺展資料庫，中央研究院歷史語言研究所提供）

蔡繼焜於一次拜訪楊三郎夫婦的機遇中，聽著楊三郎之妻許玉燕娓娓道來日治時期臺灣藝術的蓬勃發展，大為所動，更認同應該設法恢復「官展」的想法。他向時任臺灣省行政長官的陳儀引薦楊三郎，獲得贊同，賦予楊三郎和郭雪湖「文化諮議」的頭銜，開始籌辦全省美展。

一想到戰後沉寂的畫壇又可恢復生機，楊三郎大為振奮，立刻開始籌備委員會。這些委員們不但沒有支領薪水，甚至還親力親為打點作品徵集與展覽的各種事務。林玉山、陳進、郭雪湖、廖繼春、顏水龍、陳澄波等日治時期從「臺展」、「府展」、「帝展」等官展體系發跡的藝術家們，在省展中也躍升為評審委員，見證了藝壇的更替。

文化認同的新想像與衝突

誰料世事無常，一九四七年初，二二八事件震撼全臺，時任省展審查員與嘉義市議會參議員的陳澄波也命喪槍下。同年十月的省展仍有三幅風景作品以陳澄波的名義提出，只不過在作者介紹的欄位中，卻只留下了「前任審查員（故）」的字樣。對比同屆展出李石樵的〈建設〉描繪本省、外省共同打拚的精神，讓人不勝唏噓。

儘管歷經政治上的動盪，許多在日治時期受過美術訓練的臺灣人，依然期望運用自我專業來刻畫時代的印記。然而，由於前後兩政權都透過文化治理來鞏固自身政權，臺灣人民原先試著「成為日本人」，後又轉為「成為一個中國人」，讓臺灣人的身心狀態經歷了相當程度的掙扎。在中華民國政府有意去除日本殖民色彩的影響下，許多前輩們背負上「奴」、「毒」的罪名，歷經了二二八事件，社會長期以來各種不公平的現象終究被凸顯了出來，也為日後的藝壇掀起了風波。

新政權的更迭為臺灣帶來大批移民，也帶來了豐富的文化與習俗。於此同時，亦有藝術家如溥心畬、黃君璧、張大千等人先後來臺，為臺

陳澄波〈玉山積雪〉，1947。（圖片來源：財團法人陳澄波文化基金會提供）

灣藝壇注入多元色彩。許多傳統水墨畫家渡海來臺，在當權者「去日本化」的政策下成為中華正統（國畫）的象徵，也維繫著中華民國政權的正當性與合法化。然而，如此巨大的轉變，也為未來「正統國畫」之論爭埋下了種子，與從日治時期以來，以寫生、創新的郭雪湖、林玉山等膠彩畫家，掀起了激烈的辯論。

從過往到現在，各種官辦美術展覽不僅僅是藝術家們發光發熱的舞臺，亦是政府宣揚文化政策的重要媒介，然而展覽會中呈現出來的「美」究竟帶有什麼樣的歷史脈絡，就留給觀者自行想像了。

對應課綱

高中：從傳統到現代的文學與藝術

國中：新舊文化的衝突與在地社會的調適

3／如果一九四〇年代有臉書，當代文青都在哪打卡？

作者：馬國安

如果一九四〇年代有臉書，那麼當代文青的日常大概就是這樣的內容吧！

對世界來說，這是一段毀滅的時代，人們正在世界大戰浩劫後掙扎求生。但對小島臺灣的文人而言，這卻是「文藝舞臺」初成型的時代。在當時，活躍的文藝新星其實可能比我們所想的更「全球化」。即使不能早上在臺北喝咖啡、下午到東京吃下午茶，但他們的生活圈涵蓋東亞，知識圈更早已環遊世界。雖然大戰的爆發限制了大多數人的自由，但臺北文青仍然可以到戲院、書局甚至餐廳「追星」。不過呢，他們追求的自由，可能也和我們有點不一樣。

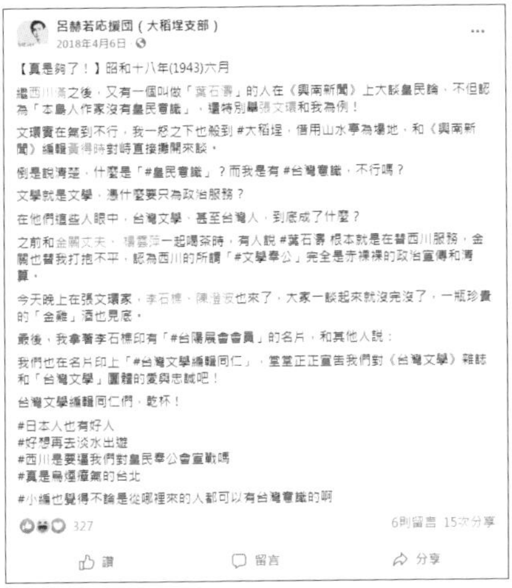

呂赫若応援団（大稻埕支部）
2018年4月6日

【真是夠了！】昭和十八年(1943)六月

繼西川滿之後，又有一個叫做「葉石濤」的人在《興南新聞》上大談皇民論，不但認為「本島人作家沒有皇民意識」，還特別舉張文環和我為例！

文環實在氣到不行，我一怒之下也殺到 #大稻埕，借用山水亭為場地，和《興南新聞》編輯黃得時對峙直接攤開來談。

倒是說清楚，什麼是「#皇民意識」？而我是有 #台灣意識，不行嗎？

文學就是文學，憑什麼要只為政治服務？

在他們這些人眼中，台灣文學，甚至台灣人，到底成了什麼？

之前和金關丈夫、楊雲萍一起喝茶時，有人說 #葉石濤 根本就是在替西川服務，金關也替我打抱不平，認為西川的所謂「#文學奉公」完全是赤裸裸的政治宣傳和清算。

今天晚上在張文環家，李石樵、陳澄波也來了，大家一談起來就沒完沒了，一瓶珍貴的「金雞」酒也見底。

最後，我拿著李石樵印有「#台陽展會會員」的名片，和其他人說：

我們也在名片印上「#台灣文學編輯同仁」，堂堂正正宣告我們對《台灣文學》雜誌和「台灣文學」團體的愛與忠誠吧！

台灣文學編輯同仁們，乾杯！

#日本人也有好人
#好想再去淡水出遊
#西川是要逼我們對皇民奉公會宣戰嗎
#真是烏煙瘴氣的台北

#小編也覺得不論是從哪裡來的人都可以有台灣意識的啊

327　6則留言 15次分享

讚　留言　分享

模擬一九四〇年代文青發文。（圖片來源：臉書粉專「呂赫若應援團（大稻埕支部）」提供）

臺灣文藝圈生活大小事

二〇二〇年，全世界忙著抗疫，全球化似乎走到盡頭，人身自由也似被疫情制約，或許正可以試著想像：一九四〇年代「文青」尋求的自由、生活與認同，和現代有何相同和不同？

當時，最耀眼的人物往往不是那些創作出傳世名作的文人或藝術家，而是「文青生活圈」的社交娛樂及飲食中心：比如那個最常被他們欠錢（米）不還，卻仍然義無反顧支持文藝創作的餐廳老闆，或是經常放著店面不顧卻到處支援文藝活動的書店經理。臺北山水亭餐廳的老闆王井泉，和臺中中央書局經理張星建，無疑是其中佼佼者。

山水亭裡的文化啟蒙

山水亭餐廳以小吃料理聞名四方，雖然規模不大，開業時間也不算久，但從一九三七年，王井泉打開這座大稻埕小店的大門開始，它就迅速成為四〇年代臺灣文化界最重要的社交基地，也見證了二十世紀中期，臺灣藝文界在轉變的社會環境中所承擔起的嶄新角色。

雖然在皇民化運動的進逼下，日殖政府對自由思想的箝制日增無減，當時的「文藝青年」仍然可以以這些據點為基地，尋找志同道合的戰友，沒錢時在山水亭餐廳聽聽音樂，有資金時一起外出「寫真」（攝影）、看電影，打打網球。呂赫若、張文環、李石樵、張星建、臺南的吳新榮、中山侑、《民俗臺灣》的編輯和作者群如金關丈夫、國分直一、池田敏雄、楊雲萍……當時文壇中最常被當局視為眼中釘、挑戰殖民政府文化宣傳的文化人們，幾乎全是山水亭的座上客。

對於出入山水亭的文人們來說，王井泉是個不可或缺的支持者。他不是豪富，卻永遠能在人們最需要的時候端上一碗熱騰騰的白米飯；他不是作家，可是當呂赫若、張文環和音樂家呂泉生討論劇本和配樂的時候，他店裡的電唱機和唱盤可以放山歌與民謠；沒有總督府的官員會在他的店裡討論政策，因為這裡只歡迎自由思想與言論。然而，與他的食客們最大的不同，就是王井泉身後幾乎沒有遺留下片言隻字，而他本人也總是作為配角在文藝家們的傳記中出現，因此也更沒有學術論著以他為研究對象。如同這座傳奇「文化沙龍」的命運，王井泉的一生，其實就是二十世紀上半葉臺灣文藝發展的縮影——未曾被遺忘，卻鮮有人認真記述。

王井泉是大龍峒商家子弟，中學讀的是商業學校，本來應該是個成功的大稻埕商人，可是中學才剛畢業，就加入小時玩伴張維賢創辦的「星光演劇研究社」，成為臺灣史上第一代新劇①演員。雖然王井泉短暫的演員夢隨著星光演劇社的結束而終結，但他和臺灣戲劇的因緣卻由此才正要開始。離開了演員身分的王井泉找到的舞臺，就是三〇年代末期的臺灣藝文圈。那時，大戰伊始，但臺灣尚不受影響，大稻埕喫茶店裡高朋滿座，「咖啡廳」的女給繼續與客人打情罵俏，而臺灣第一次最大規模的文藝家集結會成為「臺灣文藝聯盟」，藝術家李石樵、廖繼春、陳澄波等主導的「臺陽美術協會」也剛剛辦了幾屆展。歷史往往諷刺，當槍聲在蘆溝橋響起時，文化啟蒙在臺灣成為了時代的主題，文人們齊聚臺北，而小小的山水亭餐廳開幕了。

「山水亭」餐廳全體工作人員攝於開業滿二週年，前排中央戴眼鏡者為王井泉，身旁為夫人魏妥。（圖片來源：鄭嘉南提供）

山水亭餐廳與中央書局

山水亭是歌手作家呂赫若自東京歸國、在一九四三年從臺中老家搬到臺北後幾乎每天必打卡的地點，很有可能，這裡也是他的閱讀室。翻開日記，呂赫若忠實地記錄下了他的書單和閱讀進度：巴爾札克、喬哀斯、福樓拜、《靜靜的頓河》《京華煙雲》《紅與黑》《今古奇觀》、島村民藏的《戲劇的本質》、狄德羅的《戲劇論》等等。檢視這張包含中、日、歐著作的書單，除了可以做為研究四〇年代知識分子知識結構的基礎，或許也可以試著想像，會是中央書局提供給顧客的書目內容。

一九四〇年代的臺中中央書局如果沒有書店經理張星建，恐怕不會有今日的歷史地位。張星建是臺中人，二十二歲時從律師助理轉行到剛成立不久的中央書局營業部，催生了他的熱血文青之路。當時的中央書局是的「中央俱樂部」株式會社轄下企業，也是中部地區知名仕紳如林獻堂、楊肇嘉支持贊助下，以島內最重要文化沙龍為目標經營的新興「文化產業」。張星建坐鎮中央書局時期，參與了雜誌《南音》的編輯，並主導了「臺灣文藝聯盟」的機關誌《臺灣文藝》的發行。缺乏中央書局的支持和張星建的組織力，臺灣的藝文發展不可能有足夠的累積，而有一九四〇年代時的燦爛成果。

事實上，對於臺灣的「文藝圈」，和王井泉同樣總是作為配角的張星建才是幕後的重要形塑者。如同本文的前引文所揭示，張星建有著超前時代一步的文藝觀：繼承了五四以來新文學運動的遺緒，鞭策同時代的文人和藝術家「由文藝的角度去觀察社會的事象」，以文藝來啟蒙社會文化。也許在嚴密的政治監察下，文學和藝術是知識分子唯一的發聲管道，但如何透過文學和藝術來改變世界，找到心靈的自由，這可能才是一九四〇年代圍繞著文化沙龍的臺灣文藝圈中最重要的主題。

當臉書遇上古早臺灣文青

「如果在一九四〇年代臺灣，一個文青有臉書……她／他會記錄下怎樣的日常？」這就是臉書粉專「呂赫若應援團（大稻埕支部）」②建立的初衷，邀請造訪專頁的粉絲搭上一部時光列車回到一九四〇年代。「呂赫若應援團（大稻埕支部）」的作者們依據嚴謹的學術考據，透過數位平臺重現了當年「文青」的生活方式：維護專頁的經營者設定為當時的高校女學生「阿麗」，在成為「呂粉」的過程中，一步步探索二十世紀初臺灣島的文藝世界與舞臺。同時是文藝圈參與者與觀察者的古早臺灣文青，除了流連少數售賣中文書刊的書店，也可能出沒於呂赫若與文人們常造訪或演出的咖啡廳、劇場等，甚至嘗試自己在校編輯文學刊物。臉書貼文中，也特別加入了年輕的文藝圈朋友聚在有電唱機的前輩家裡聽藝術歌曲、為了升學或就業苦惱、思考戰爭動員與個人自由等社會議題的場景。這些從早期報章、個人回憶錄或日記拼湊重建出的一九四〇年代臺灣文青生活，在從日常觀點出發的描繪中，奇妙地與二十一世紀的讀者找到共鳴：雖然時空環境不同，但我們關心的事情，原來都是一樣的。

不只重現一九四〇年代文青的日常生活，而是他們每日的所思所想，需要的當然不只是歷史學家的史筆，更是小說家的想像力。「呂赫若應援團（大稻埕支部）」希望帶給讀者的，從表面上看，是對「文青」認同的重新想像，但換個角度，何嘗不是另一個故事的楔子。這個故事的開頭，可能是「如果歷史不只是故事，而是一種換位思考和思辨的方式，世界會不會不一樣？」

①在當時的新劇倡導者口中的定義是，以「打破舊習、改良風俗以及以演劇教化社會」為目標的新式文化劇。與新劇有關的重要人物，除了本文提到的張維賢、王井泉，還有著名的導演林摶秋。

②「呂赫若應援團（大稻埕支部）」是故事網路團隊搭配二〇一八年客家電視臺年度製作《臺北歌手》的網路宣傳平臺，目前已終止營運，上「故事 StoryStudio」網站鍵入關鍵字「臺北歌手」即可搜尋相關文章。

對應課綱

高中：戲劇、文學與大眾生活

國中：新舊文化的衝突與在地社會的調適

4／本土超級英雄，以及對抗「魔鬼黨」的硬頸漫畫家們

作者：林中台

漫畫的世界博大精深，無論日本出產還是美式創作，在臺灣都有龐大的愛好族群。而究其本質，漫畫除了休閒育樂的功能外，更是意圖創造一個架空世界，讓讀者寄託想像以平衡對真實生活的負面情緒。在這個架空的世界裡，一定要有個眾人期盼的英雄，例如日本的哆啦A夢、七龍珠裡的孫悟空、海賊王魯夫。或者具有濃厚美國城市風格的超人、

漫威系列的復仇者聯盟，這些看似無所不能的超級英雄，讓閱聽大眾相信世界上永遠有光明璀璨的希望存在。

但若是要說出一個專屬於臺灣漫畫界的超級英雄，我們似乎很難想出一個共同認可的本土記憶。其實在過去，臺灣曾經有個比「雲州大儒俠」史艷文（雖然這不是漫畫）更早的超級英雄橫空出世……

超級英雄的誕生

從前有位好兒郎
他的名字叫四郎
笑容掛在他的臉龐
寶劍掛在他的身上
名字掛在英雄榜上

不知道現在還有多少人記得這首曾在一九八〇年代中期膾炙人口的電視劇主題曲？蔡英文總統曾經公開表示：「最喜歡的動漫人物是諸葛四郎和真平。」即使有人認為這代表政治人物與臺灣青年脫節，但「諸葛四郎」作為本土第一個自產自銷的超級英雄，可以說是臺灣漫畫史上不容忽視的黃金傳說！

一九五八年，葉宏甲先生創作的「諸葛四郎」首次出現在《漫畫大王》週刊上，由於各界佳評如潮、風靡臺灣兒少，這個帶有傳統武俠風格的本土英雄與他快樂的夥伴們（真平、林小弟、沈少玉，還有他妹諸葛玉真）開始了更多的冒險故事。從〈大戰魔鬼黨〉〈大鬥雙假面〉再到〈決戰黑蛇團〉，林林總總共計十六部作品的諸葛四郎，成為這一代臺灣人的共同記憶。

而傳說的開始，要從那段被歷史課本遺忘的創作背景說起。

臺灣漫畫史的起點之一

葉宏甲生於日治時期，自小展現對繪畫的濃厚興趣，更參加了由日本漫畫家協會主導的函授課程，並與幾位志同道合的夥伴共同成立「新高漫畫集團」，成為近代臺灣史上第一個漫畫家自行組織的社團，持續耕耘本土漫畫並引領風潮。

一九四五年在新竹與「新高漫畫集團」的青年及友人齊心協力創辦了《新新月刊》雜誌，刊載的創作圖稿尖銳反映出國民政府治臺初期的統治亂象。創作數量豐富且內容辛辣痛快，葉宏甲除了編輯、插畫等雜務，滿腔熱忱還為月刊中兩頁諷刺時事的單格漫畫專欄操刀。《新新月刊》雜誌苦撐到第七期黯然停刊。

一九四七年葉宏甲北上落腳臺北西門町畫插畫、圖表、廣告。

一九五〇年某天拜訪一位朋友時，被當時正在朋友家搜索的警察當成

「同夥」一併逮捕，之前《新新月刊》刊出的反映時事諷刺漫畫被挖出來，扣上政治思想的帽子，雖然家人變賣金飾打通關節，但葉宏甲仍飽嘗十個月的牢獄之苦。

所幸自古英雄造時勢，葉宏甲並未放棄對漫畫的熱情。吃過時事漫畫苦頭，拿來為心靈療傷止痛的，仍然是他未能忘情的漫畫。這段時間的插畫、漫畫風格細膩，以民間故事、短篇武俠漫畫為主，雖然時常遭到警方關心，但沒有動搖他對漫畫的執著。一九五八年大華文化社老闆黃宗葵先生創辦《漫畫大王》後，力邀葉宏甲為其刊物創作，《諸葛四郎》的第一回作品〈大戰魔鬼黨〉就這麼誕生了。

大戰魔鬼黨

迅速走紅的《諸葛四郎》成為那一代臺灣人的英雄故事，幾乎家家戶戶都有一個孩童鎮日翹首期盼，猜測四郎與他快樂的夥伴們要如何依靠機智與努力，打倒邪惡的魔鬼黨與假面人，成功解救國家危機。

但「邪不勝正」的英雄神話畢竟只活躍在漫畫裡，諸葛四郎與魔鬼黨的戰鬥故事在現實的臺灣政治局勢中正好完全相反。當時，實行全國戒嚴令的國民政府在一九六三年公布施行修訂過的〈編印連環圖畫輔導辦法〉（以下簡稱〈輔導辦法〉），開啟戰後第一次（也是唯一一次）的「漫畫審查制度」。

從現存的老舊漫畫可以知道，當時幾乎每本獲准出版的漫畫創作，都會印著一張「國立編譯館熊先舉」的許可證，這種以許可為前提的預先審查制度，為臺灣漫畫的黃金時期敲下無奈的喪鐘，直到解嚴後才終止。有些臺灣漫畫史學研究就認為，在〈輔導辦法〉實行的數十年箝制中，直接或間接導致臺灣本土漫畫創作的衰落與盜版日本漫畫的興起。即使當時有眾多漫畫家因為〈輔導辦法〉的蠻橫無理而相繼封筆以示抗議，也無法有效反抗政府審查漫畫創作近乎文字獄的模糊標準。臺灣本土漫畫發展，就在這段政治箝制深入民間社會的戒嚴時代裡徹底失落。

每個時代都有一個硬頸的文人，不甘屈服於嚴格審查制度的葉宏甲，在一九六四年自行成立宏甲出版社，並將《諸葛四郎》改制為單行本，以符合戒嚴時期政府的〈輔導辦法〉。無奈的是，〈輔導辦法〉間接造成的日本盜版漫畫浪潮所向披靡。一九七三年，宏甲出版社正式結束所有業務，葉宏甲也遣散所有拜師學藝的門徒。但諸葛

漫畫《諸葛四郎 大戰魔鬼黨》。（圖片來源：童年漫畫提供）

四郎並不從此消失於臺灣人民的記憶，在一九六二年第一部改編電影問世以後，一九七八、一九八五年都各自有改編作品誕生，在在顯示諸葛四郎作為臺灣第一位本土超級英雄的地位，始終是一整個世代臺灣人魂牽夢繫的共主。

葉宏甲當年繪製的手稿。（資料來源：童年漫畫提供）

即使，這樣的諸葛四郎大戰魔鬼黨的故事，以真實世界的政治鬥爭來說，還是以英雄四郎的悲劇性失敗與魔鬼黨衛道政策的勝利而落幕。

當代臺灣的諸葛四郎和魔鬼黨

姑且不論「喜愛諸葛四郎」是否真的代表政治人物無法（或不願）與現在的臺灣青年交心，但可以肯定的是，這種否定諸葛四郎與現代臺灣（或青年）連結的言論，其實正凸顯我們更要回頭複習那段「諸葛四郎大戰魔鬼黨」的真實歷史，藉由最具本土色彩的英雄傳說，了解「魔鬼黨之所以是魔鬼黨」的歷史事實。

「諸葛四郎和魔鬼黨／到底誰搶到那支寶劍」這首羅大佑〈童年〉裡的一段歌詞，或許也代表著諸葛四郎大戰魔鬼黨的架空故事，仍持續活躍於臺灣人的生活記憶。畢竟，在歷史的魔鬼黨面前，你我都是這一代的諸葛四郎。

對應課綱

高中：戰後的民主化追求與人權運動

國中：二二八事件與白色恐怖

第五部

信仰

神鬼傳奇，
藏著的都是人心

1 流落墾丁的荷蘭公主，以及殞命臺島的異鄉人

作者：廖貽柔

在墾丁大灣沙灘不遠處，有間小小的萬應公祠，左翼為土地公神龕，右翼則是「八寶宮」。我們對於祭拜無主孤魂的萬應公、求財保平安的土地公都不陌生，但是，這「八寶宮」拜的是誰呢？

八寶宮鐵柵欄內的神龕中供奉著幾座神像，中央的女神像頂著張漢人的臉龐，身披彩衣、腳踩蓮花，神像背後掛著一幅顏色濃豔的外國女

子油畫，一手握劍、一手捧地球儀，畫像左右兩邊是一副龍飛鳳舞的對聯：「寶主飛來駐臺海，座自山面向海上」，橫批：「荷蘭女公主」。

謎底揭曉，原來這座八寶宮祭祀的是恆春一帶，傳說來自荷蘭的「八寶公主」。相傳十七世紀荷蘭王室有位標緻的瑪格麗特公主，從小被捧在掌心上的她，為了尋找被荷蘭東印度公司派駐來臺、挖掘金礦的情人威雪林，一路追隨他的腳步到福爾摩沙，孰料來到島上後才聽聞威

八寶公主神像及其畫像。（圖片來源：石文誠提供）

雪林已遭西班牙人陷害，於卑南遇害的消息。

大受打擊的瑪格麗特堅持前往威雪林遇害之地憑弔，但其所搭乘的戎克船「巫翠奇號」卻在瑯嶠觸礁擱淺，上岸後被原住民「龜仔用社」人一刀斬落頭顱，就此香消玉殞。

上述故事來自屏東在地文史工作者的考證與整理，男主角威雪林真有其人，是一位名叫 Maarten Wesselingh 的丹麥人，一六三八年乘船至瑯嶠，到卑南探勘金礦並留駐當地，三年後被卑南附近的原住民殺害。

既然歷史上確實有一位威雪林因探金踏上福爾摩沙島，但女主角瑪格麗特公主的情節，是真的嗎？這位荷蘭公主的傳說其實與十九世紀前，因緣際會踏上這座蕞爾小島的外國人有關……

大航海時代的船難

在說故事之前，先讓我們回望那個，你或許早已耳熟能詳的「大航海時代」。

這既是海洋的時代，也是帆船的時代，水手想橫越迢迢大洋得倚賴可靠的船隻與航路。十六到十八世紀，木造帆船為海上霸主，而幽深平靜的海面往往潛伏著無數危機，面對陌生的海域，就算大海看似廣袤無垠，人們還是只能依循已知的航線前進才安全。而所謂航線，便是由島嶼及島嶼，點與點之間相連而成，島嶼既可以提供水手需要的淡水、食物補給及貿易商品，也是航海的重要辨識指標。

臺灣，便是在這樣的背景下躍入世界舞臺。由於位於歐洲航向日本、日本前往東南亞，以及歐美船隻往來美洲大陸、菲律賓和中國之間等多條貿易航線要道上，又擁有起伏的山巒可作為航行中供水手指認方

十六世紀荷蘭製圖師歐提留斯（Abraham Ortelius）所繪製的〈東印度群島圖〉，由於當時歐洲人僅將臺灣當作航海定錨，沒有真正踏上島嶼，因此圖中的臺灣被畫成一連串島鏈最後的兩大島。（圖片來源：國立臺灣歷史博物館提供）

位的相對陸地，因此早在十六世紀便進入世界的視野，存在於世界的航海地圖中。

不過，臺灣附近的海域非常危險。變幻莫測的洋流只是基本款，還有澎湖各島星羅棋布，礁石隱伏於水中，一不小心就會發生事故。至於天氣狀況？別提了，夏天有颱風侵擾、冬天有東北季風橫行，無怪乎清人感嘆「海上風濤實難例定」，需「隨時審視雲霧氣色，以卜行止」，在「遭風倏變，而此順彼逆」的情況下，「禍福不同者有數存焉」。

險象環生的環境，使得臺灣一帶海域成為船難高發地。也因為船難頻仍，十八世紀中期以後，以清國為首的東亞海域「國際」社會發展出一套船難救助的機制：先辨認船難者的國籍再將人送還，用公費提供衣物糧食、協助修補舟楫，如果已破損到無法修補，則另外安排別的船隻護送回國。不僅如此，還有固定的一套送還路線及中繼港口、城市，如琉球難民先送到福州，日本難民先送到嘉興府（因為以前遣唐使真正上岸的地方就是在長江的嘉興府），朝鮮難民由在北京的朝鮮使節走陸路回國，東南亞或西方難民則先送到廣東或澳門再遣返回國。

不過，規則很嚴謹，現實很鬆散。清國將原住民分成有向清廷納餉的「熟番」和沒有納餉的「生番」，並在靠近生番處修築土牛溝、設立界碑，清楚表明生番與生番地都不歸清廷管轄。

也就是說，如果船難受難者不幸碰上當時臺灣島上番界外的居民，這套船難救助機制不見得適用。對番界外的原住民而言，他們可沒有義務要遵守清廷的規則，將船難者好好送回本國。

命運的轉折：羅發號事件

船難使得來自世界各地、千里之遙的人們，以意想不到的方式在同一塊土地上相逢。而不歸清廷管轄的界外番民，則成為船難事件中命運的變數。為什麼呢？就讓我們從與「荷蘭公主」大有關聯的那場船難說吧！

一八六七年三月十二號，美國的三桅帆船羅發號（Rover）航經臺灣海峽時不巧遭遇風浪，偏離預定航道，一路漂流到屏東七星岩觸礁沉沒。船長杭特（Hunt）當機立斷決定棄船，與船員分為兩組人馬搭乘小艇逃生，其中一艘小艇上載著船長、船長夫人、大副和三個中國人，副官與另外七個中國人則乘坐第二艘，兩艘小艇試著修正航道往北前進，可惜當夜就走散了。

划行十七個小時後，第一艘小艇總算看見陸地，大夥終於鬆了口氣。他們在大尖山對面、墾丁一帶登陸，剛爬上岸便累得坐在沙灘上喘息。過沒多久，他們發現沙灘上還有另一位原住民婦人，杭特夫人向她招招手，給了她一點錢，比手畫腳地請她找位嚮導來，引領他們前往車城尋求協助。

這位原住民婦人收了杭特夫人的錢後轉身離去，但不是去找嚮導，而是直接上山通知族人。不久，龜仔用社人下山搶劫並殺害杭特一行人，把付錢請婦人找嚮導的杭特夫人認作首領，用矛槍插入她的身體，

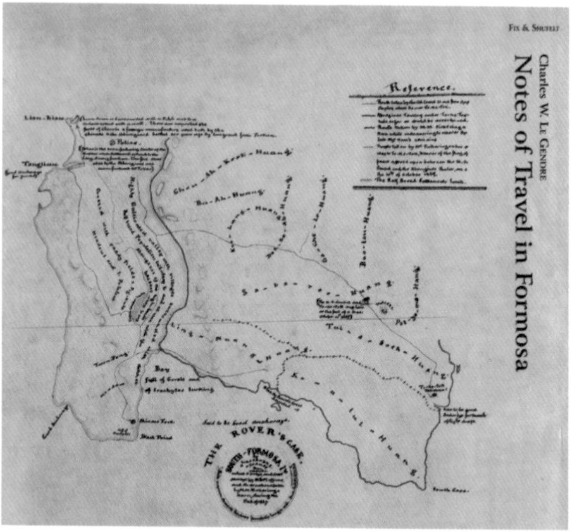

美國外交官李仙得（Charles W.Le Gendre）於一八六九年測繪的〈羅發號事件—臺灣南部地圖〉，圖中右下角標注了羅發號船員的登陸處（"Where the Rover's Crew landed"）。（圖片來源：維基百科公眾領域）

再用劍殺死她。直到割下杭特夫人的頭顱後，龜仔用社人才驚覺她是女子，不配作為自己的敵人，於是憤憤將其屍體拋下。

杭特船長及其白人同伴都在試著保護杭特夫人時被殺死，另外兩個中國人也難以倖免——只有一個例外。他在聽見原住民從灌木叢中擊發第一槍時就趁亂逃跑，東躲西藏直到黑夜來臨，才翻山越嶺抵達車城。

最終，這位倖存的漢人來到打狗的旗後英國領事館，並將羅發號一行人遇難的消息散播出去，成為日後鼎鼎大名的「羅發號事件」。羅發號的悲劇不斷發酵，經過二十七年後，在《恆春縣志》中留下這麼一筆紀錄：

> 同治初年，有外國番船一隻，遭風飄至鵝鑾一帶，被龜仔角番戕殺多命。內有番女一名，其上下牙齒，不分顆數，各連一排。龜仔角番見而異之，懸首示人。嗣該船逃回本國，興師復仇，至鵝鑾鼻、大阪埒一

帶，荊棘滿山，四無人蹤。一日，聞雞鳴聲，遂發兵通道，尋聲而進。得龜仔角社，戮番人，無彭類……相傳被殺番女，爲該國公主云云。

八寶公主誕生

外國番船、龜仔用社人（龜仔角番）、番國公主，嗯？有沒有覺得《恆春縣志》的這個故事似曾相識呢？沒錯，《恆春縣志》的記載很有可能便是「荷蘭公主」故事的1.0版本。

羅發號遇難之後，臺灣道吳大廷表示「生番不歸地方官管轄，嗣後請飭外國商人謹遵土牛之禁，不可擅入生番境界，以免滋事。」（翻譯成白話文就是：你自己跑去生番地就要自己負責，不關我的事。）擺明了不願多管，更不可能為了美國船難者向龜仔用社人討公道。當時美國駐廈門的領事李仙得（Charles W.LeGendre）遂親自踏上臺灣，與熟諳南臺灣的英國探險家必麒麟（William A. Pickering）及蘇格蘭人洪恩（James Horn）合作，到處探詢杭特夫人的遺骨與她的遺物。「番女」遇害的故事與記憶，或許也在此過程中於恆春一帶廣泛傳布，衍伸出《恆春縣志》的記載。

那麼，這位疑似番國公主的女子，又是如何變成「荷蘭公主」和「神明」的？

相傳在一九三〇年代，有人在墾丁大灣海灘發現一具骨骸，便好心買了個甕裝起來，放在海灘邊的萬應公祠內。幾年後，地方上有人無故發瘋、放火燒屋，大家請來乩童問事。誰知道，乩童竟開口說英語，說她是幾百年前在墾丁遇害的紅毛公主，沒有船可以回家，因此在當地陰魂不散，而那具屍骨便是她的遺骨。

這位公主（乩童）表示願意長住墾丁，只要讓出萬應公祠的三分之一給她住，就不再作祟。眾人於是答應闢出三分之一的萬應公祠，獨立祭拜「疑似」紅毛公主的骨骸。

2.0版本的傳說中，故事主角已有了來處——荷蘭，並因靈力傳說之故，逐漸被當成神明祭祀。到了一九六〇年代又有3.0版本出爐，當時地方人士剛重建完萬應公祠，某日，社頂部落（沒錯，就是以前的龜仔用社）一位附身乩花自稱為「八寶公主」，並聲稱在萬應公祠旁的紅毛公主就是八寶公主。自此，荷蘭公主成了八寶公主，此傳說一直在當地流傳至今。

故事未完，待續

從「番女」到「荷蘭公主」再到「八寶公主」，一百多年的增補與附會，這位異國女子的傳說在恆春翻了幾番，最終從一個十九世紀的歷史事件化形為地方上的守護神。你以為故事就此結束了嗎？才沒有呢。

二〇〇八年，社頂部落出現傳言，說「八寶公主欲向族人復仇」。不堪其擾的部落眾人決定，正式為八寶公主舉辦超渡法會，和她達成「百年和解」，以安定族人心情。

即使我們現在知道了傳說中的附會和虛構，但是，傳說的力量不會輕易消失。這位大航海時代為愛走天涯、因船難而踏上墾丁沙灘的八寶公主，向我們透露了百年前臺灣與世界交會的痕跡，以及那批最早的外國訪客的足跡。

八寶公主至今依舊一手握劍、一手捧著地球儀，在當地人心中永恆地活著。

對應課綱
高中：早期移民的歷史背景及其影響
國中：原住民族與外來者的接觸

2／清代臺灣，在祖先和上帝間選邊站的基督徒們

作者：王政文

耶穌到臺灣：當西方遇到東方

在臺灣社會中，我們一般不會特別去區分儒、釋、道之間的差異，一個人可以同時拜佛祖和媽祖，拜關公又拜觀音。因此數百年前，當具有「三位一體」獨一真神的基督教出現在清代臺灣時，對大夥兒來說是

完全陌生的。這群傳教士剛來傳教時，甚至經常被當成是「和尚」。

比如有位來臺灣的甘為霖牧師（William Campbell），他外出講道找不到地方過夜，地方頭人或廟祝便經常安排他住在廟宇。本地傳道師到廟口傳福音時，民眾還以為是要宣講聖諭，常常主動幫他們準備香案，請入廟中講授道理，甚至有廟祝敲鑼勸人來聽講，場面令人啼笑皆非。

直到人們終於領悟到這是一種宣傳「沒拜祖先」的宗教，開始認知到原來「番仔教」與既有社會價值觀不同時，對基督教的態度才有了一百八十度大轉彎，排斥感很快產生。那麼，究竟第一批選擇信教的臺灣基督徒們，會遇到什麼樣的阻礙呢？

不祭祖＝不孝？

這些基督徒們所面臨到最棘手的問題，是家庭成員的反對。

之所以會遭遇家人反對，其中最主要的因素還是「祭祖問題」。在基督徒眼中，祭祖是「偶像崇拜」，是信仰所禁止的。因此基督徒經常被認為「入教人無公媽」、「入教的人不會死，上帝會渡他上天堂」、「入教人會靠番仔勢」、「拿外國人錢才願意出來傳教」。教徒被批評不遵從傳統人倫價值、不祭拜祖先、罔顧親情，因為「入教的人若死了，必須由他們（教會）打理一切，不准人哭泣，不准親人探望」。

因此，基督徒被視為：「信外國教、不順國法、沒父母、沒神佛」。這些看法主要出於固有家庭倫理的價值觀，認為基督徒改宗信教後就會不孝、毀壞了原有的人倫關係與秩序。

在臺灣漢人社會中，祭祖代表的是「生人」與「死人」之間的連結，藉著祭祀，去世的親屬靈魂能夠得到祖先的庇佑保護，表現出家族生命的延續。傳統上，臺灣漢人家中的正廳都必須設置一個「神龕」來供奉祖先，從這樣的家庭擺飾格局就可以看出，祖先在日常生活中居於重要的地位。在漢人的宇宙觀中，人是有靈魂的，一旦人死後，靈魂會到陰間，亡魂在陰間仍然有食衣住行等日常生活需要，而這些需要由陽世子孫供應。

長年生活在臺灣的傳教士馬偕（George L. Mackay）就曾經由生活觀察指出，漢人認為人有三個靈魂，人死後第一個靈魂進入看不見的精靈世界，第二個靈魂進入墳墓，第三個則在家附近徘徊。第一個靈魂由道士負責，另兩個靈魂則由子孫照顧。親人整修墓地照顧第二個靈魂，第三個靈魂則安置在木製的神位中。

於是，祖宗神位成為家庭中最神聖的物品。漢人的祖先崇拜是一套很複雜的儀式，包括入殮、祭祀、掃墓等，日常生活與祖先祭祀也密不可分。而祭祖相關的葬禮、祖墓、風水與公媽牌，更是人一生中相當重要的大事。

祭祀祖先不但具有宗教層面的意義，對基督徒而言，最大的挑戰來自於倫理層面。在儒家傳統下，非常重視「生」之孝以及「死」之祭，《論語》中教導：「生事之以禮，死葬之以禮、祭之以禮。」此一「死」欲加以葬祭之禮，不但是宗教的，也是倫理的，具有「慎終追遠」的意義，「祭祀、崇拜祖先」也就和「孝」畫上等號。

這樣的論調將「拜公媽」從亡靈崇拜提升到倫理宗教層面，社會的上層及知識分子將此作為道德修養的重要部分。而不拜公媽的基督徒？那當然就是不孝之徒了。

祭祖問題成為基督教在臺灣社會傳播時面臨到的最大障礙之一，也是信徒需要選邊站的最大掙扎之處。以下這幾位臺灣基督徒的遭遇，就是血淋淋的例子。

洲裡李東面、李先登父子

一八七七年洲裡（今新北市蘆洲區）教師李先登及他的父親李東面在改宗信教後，被族人認為他們不再參與宗族祭祀，因此無權繼續擁有祖先所遺留下來的土地，因而被同宗族人占去田地，而地方頭人不願插手干預此事。在馬偕及教徒陳士美、李顏、陳得、陳炎、李先登兒子等六人陪同下，到衙門告官。李東面跪在大人面前，官吏告訴他：「把自己的祖宗和宗教丟棄而去跟隨那個『蕃仔』，是不孝和不忠義的。」

這對父子最後被控「帶刀子要殺害縣官」，而後被押解到臺灣府遭斬首，兩人的頭顱被放在籃子裡，上面寫著「入教的人頭」，然後被帶回艋舺，再將兩人頭顱懸掛在艋舺城門上。

彰化二林楊春福

彰化二林楊春福改宗信教後被父親打成重傷，又把他的聖詩燒掉，楊春福取出一把柴刀對他的父親說：「不必打了，你可以殺了我，讓我像李哪吒剖骨還父，剜肉還母，我的靈魂是上帝的，我要回去找他。」父親聽了起初笑，後來哭。他說：「任你去賭博、抽鴉片、為非作歹，我絕不讓你入教，這是一條絕路。」

「絕路」指的是與家人的隔緣，與宗族祖先的斷絕。

基督徒必須放棄祭祀祖先，這在社會意義上意味著切斷自我與家庭及宗族之間的臍帶關係。我們能找到的個案資料多是改宗後釀成家庭革命，但教徒依舊堅定改宗入教，不過或許有更多的人在遇到基督信仰與祭祖、家庭關係的抉擇時，選擇保持與家庭的關係來維持原有的社會資源。

趙爵祥、張新添

祖先祭祀除了與孝及宗族密不可分外，同時牽涉家族經濟及財富的分配。放棄對祖先的祭祀，等於喪失祖先財產的繼承權，當同姓族人入教，會受到族人干涉，入教者被視為背棄祖先，喪失承租嘗田的權力。

一八七〇年，家住亭仔腳禮拜堂後面的趙爵祥經由鄰居高金聲介紹到禮拜堂做禮拜，他的哥哥趙爵象非常不高興，經常侮蔑他，並告訴妻子：「祥仔跟著番仔教去了，我們要好好守著神主牌，家產不必分給祥仔了。」

甘為霖牧師在岩前教會也曾記錄教會及信徒下定決心成為耶穌的門徒後，公開摧毀偶像、祖先牌位和神明畫像，這些祖先牌位有的已經保存百年，上面記載著已故親戚，信徒在燒毀前，會抄錄下一份副本，用來證明他們田地的所有權。

在北部，張忠的三男張新添，其姊張聰明於一八七八年與馬偕結婚。張新添改宗後，根據其子張約翰回憶：「內公媽（張忠，也就是張新添的父親）在五股坑是一位富翁，田佃及茶山共有八十餘甲，內公媽說新添已入番仔教，財產一系毛都不要分給他。」

信教者不祭拜祖先，在一般人眼中當然不能享有嘗田的利益。

在東西夾縫中匍匐生存

十九世紀來臺的基督教代表的不只是宗教本身，同時代表著西方勢力及文明與東方文化的碰撞。在一般人眼中看來，戰爭、不平等條約、開埠、外國商人及傳教士的來臺，是前後環環相扣的事，一般人的印象大多是：「外國人是為了經商牟利或某種利益而來的。」

因此，當教會隨著不平等條約而開始宣教，傳教士又依靠母國的政治保護，教會遇到困難便乞援於母國派來的領事。在這樣的情況下，民眾將基督教等同於西方，將商人、傳教士都當成同樣的西方人，都是「番仔」、都是「洋鬼」。而改宗者竟與洋鬼混在一起，社會對基督徒的背叛感油然而生，群眾漸漸將基督徒看成已經站到另一邊的他者。

改宗基督教的信徒被認為叛逆不孝，造成離家棄子，與家庭的關係瓦解。而對社會而言，教徒不參與廟會的活動，拒絕攤派，產生與社會人際的緊張關係，也遭到原有人際網絡的排斥與疏離。他們站在時代夾縫與東西文化碰撞的節點中，成為艱難開創臺灣基督教之路的第一代拓墾者。

對應課綱

高中：早期移民的歷史背景及其影響

國中：漢人社會的活動

3／浴火重生的將館，以及將魂永存的家將們

作者：紀博仁

你以為八家將是當代才有的宗教產物嗎？事實上，日治時期報紙上就有記載八家將出陣，不但老人小孩看了害怕，被嚇到生病也時有耳聞。到了現代，每逢香科、神明遶境，我們也都能看到一群紅臉青面，看似「凶神惡煞」的八家將，神職是捉拿鬼魅、為神護駕，所以需要凶惡的塗面，藉此嚇阻惡鬼，讓人看了也敬畏三分。

八家將在臺灣始自清朝末年，從中國福州傳自臺南白龍庵的如意增壽堂什家將團，由其開啟了家將團的濫觴。白龍庵的主祀神明為五福大帝，衍生而出的侍衛神祇是什家將。但臺灣的家將團主神信仰並不是只有五福大帝，不同的主神亦有不同的扮神將。有五府千歲的「駕前衛兵」八家將，亦有地藏王菩薩座前的官將首團，或者，如同《臺灣日日新報》報導中「霞海城隍」巡境中出現的「花面散髮」的什家將。

各種不同的主神信仰，演變成不同形式樣態的侍衛神祇。但大抵而言，八家將的神職是護衛主神，捉拿鬼魅，所以需要有「花面散髮」、「張形作勢」的裝扮，以嚇阻邪靈妖怪。

「八家將」的角色設定

目前臺灣的「八家將」團的組織編制大概有兩種。一種是由「刑具爺」、「文、武差爺」、「甘、柳、范、謝」大將軍及「春、夏、秋、冬」四季大神組成，算一算共有十一位成員。至於所謂的「八家」，僅包含大將軍和四季大神。另外一種組成，則多了「枷、鎖、陳、沈」四將軍，少了「春、夏、秋、冬」四季大神。

在角色任務上，刑具爺提拿刑具，文武差爺負責接令傳令，布達主神命令，將軍們多擔負懲兇緝惡的任務。除此之外，也有許多「乩將」（降駕型塗面扮神將）在香科、遶境之時，會幫沿路的信徒收驚、改運，可謂功能十分齊全的侍衛神祇。

其實，家將的組織編制有點類似現代的檢警體系，有警察押解犯人、檢察官負責傳喚作證，也有法官負責主審判刑。但八家將凶惡的形象隨著負面的新聞消息越來越多，漸被標籤化為「8＋9」，在鄉民眼中，似乎將家將、陣頭與「流氓」、「低學歷」、「屁孩」等字眼連結在一起。

不過，對於民俗藝陣存有這樣的扁平想像，無疑是不公平的，還是有許多陣頭、轎班或將館努力維護著自身文化傳統，在對民俗信仰不友善、圍困的社會氛圍中，努力闖出自己的一片天，像是這個將館的重生。

百年將館吉和堂

現今坐落在臺南佳里佳東路的吉和堂，淨雅脫俗，門面嶄新，但卻已有百年歷史。據黃淑鈴口述，吉和堂創立於一九一一年，最早由其曾祖父黃串先生創設，主祀仁聖大帝，李府大神及魏府大神為家將統率。黃串原本是佳里地區大廟金唐殿的道士，邀請來自嘉義的家將師傅林在教授陣法，也有神明「倚駕」（uá-kà），降駕處理事情的傳統。由於吉和堂是臺南佳里地區最早的將館，也因此成為佳里「吉字輩」家將團的

早期吉和堂的文武差爺。（圖片來源：黃淑鈴提供）

「祖館」，在西港、土城等地區都可見其開枝散葉的吉字輩八家將館。但我們現在看到「傳承百年」、「門面嶄新」的吉和堂，卻也有段辛酸的過往。

幾年前的一個夜晚，當宮門緊閉，月黑靜闃時，吉和堂裡突然竄出叢叢火舌，吞噬了歷近百年的廟宇。這場突如其來的大火，黃淑鈴至今想來仍心驚。夜半凌晨接到電話通知吉和堂失火了，黃淑鈴趕忙跑到現場，想要救回些什麼。但那場火燒毀了吉和堂的一切，屋瓦、牆壁、神桌、神尊無一倖免，火盡之後，只剩焦黑一片。

這場火，帶給黃家人與周遭信徒莫大的震撼，從小到大拜拜敬仰的神明，竟然在一夕之間深陷火海，遭逢祝融而燒成灰燼了。成為危樓之後的吉和堂，已成為被怪手殘忍剷平後的瓦礫殘堆。上天似乎要告訴信眾們，神明已功成身退，返回天庭述職。

但奇蹟的是，在燒成焦黑一片的吉和堂裡，三位主神竟各自留下一樣信物。仁聖大帝的印章歷火不毀，完好如初。魏府大神的乾坤筆也奇蹟似地留了下來，李府大神的令牌則因當日被請出祭祀而倖免於難。三位主神留下了三樣信物，似乎也是要告訴信眾們，吉和堂還有浴火重生的可能。上天給了眾人一道難題，傳承百年的萬丈高樓，要如何平地建起？

遭逢祝融的吉和堂正在思索如何另起爐灶，因此拍了一部影片向外界宣傳募資，藉此重新建廟。從事房仲業的青年陳席閔在網路上看到此事，也目睹家將路過吉和堂痛哭的影片，想要為從小生長的佳里地區的百年老廟盡一份心力，因而走進吉和堂捐款。陳席閔說：「我是房仲，幫人找房子，我也想幫神明找個家。」他就以這樣單純的動心起念走進吉和堂，開啟了一段奇妙的緣分。從一頓五百元的平安餐捐款開始，陳席閔成為廟宇的委員，利用他留美學行銷的專才，替吉和堂想方設法另起爐灶。他開始力推吉和堂的行銷活動，利用社群媒體作正面的報導，

吉和堂裡被燒毀的神像。（圖片來源：紀博仁翻攝自吉和堂提供之報紙）

也鼓勵將團拍攝微電影推廣家將文化，舉辦公益彩繪活動，讓宗教藝術可以對外宣傳，吸引了不少人的注目。

不熄的將魂

萬般努力，八家將仍難脫逃負面標籤，許多人一見家將，腦海中浮出的第一個印象還是「8＋9」。但吉和堂身負百年招牌，怎麼可以輕言放棄？黃淑鈴和陳席閔等吉和堂委員、幹部們開始努力教導正在習將的「小家將」們，要堅守信仰傳統，要努力做好自己的本分，腳步陣法，各個都不能馬虎。

陳席閔說，家將一旦喝下淨口符、畫上臉譜便代表神明，未下馬之前，不能隨意談話、飲酒抽煙，前一晚也不能近女色，並且需要茹素。這些規定看似簡單，但實踐起來並不是那麼容易。

「勇者勇於接受挑戰，唯有弱者隨波逐流。」小將腳們嚴守紀律，為神明付出，吉和堂就好似一個家將社團，溫暖而活潑。這群相信神的孩子們也相當爭氣，因為將團優異的表現，在廟會遶境之時，吉和堂成為神明指定路祭壓煞的將團，屢獲神明肯定，父母也十分放心讓孩子學習家將文化。甚至，還有小朋友在出陣完獲得長輩的出陣紅包，讓吉和堂的大人們相當欣慰。

這些將腳們，無疑已經傳承了吉和堂百年「不熄的將魂」。萬丈高樓平地起，上天給了吉和堂一道難題，一把火燒毀了吉和堂的建築形體，卻也使其「浴火重生」，努力以「人和」重現百年傳承的家將精神。

對應課綱

高中：多元的信仰與祭祀活動

4 反映傳統女性不平待遇，林投姐的兩種結局

作者：施政昕

「林投姐」大概是臺灣最有名的女鬼了吧？

無良渣男騙財騙色，純情寡婦萬念俱灰，到林投樹叢中上吊身亡，由於吊死於林投樹叢、死後也在林投樹叢徘徊不去，女鬼才被稱為「林投姐」。故事的結局，應該是林投姐化為厲鬼痛懲負心漢與小三，惡有惡報、大快人心，也令人生畏。

許多人認為，「林投姐」的故事是真實發生過的，部分紀錄甚至強調故事發生的地點在臺南火車站附近。但也有人認為林投姐是一個被創造出來的角色，反映過去女性的冤屈和不平。總之，「林投姐」在流傳的過程中，因著講述者的生活背景、價值觀念、生命經驗不同而開枝散葉，演變出各種各樣的版本。版本間儘管有種種細微的變化，但最大的差別其實在於——她的故事，有兩種不同的結局。

各地「幽靈產子」風格大不同

林投姐的結局並不只有復仇，還有另一個版本：她在地方上作祟，居民不堪其擾而立祠供奉，祈求冤魂不再干擾日常生活。

在幾個日治時期的版本中，林投姐上吊自殺後，一縷幽魂時常在林投樹旁飄飄蕩蕩，有時夜半會向經過的小販買肉粽果腹，而林投姐遞與小販的錢幣，常常是紙錢。

母親的鬼魂或幽靈向商家買食物，鬼魂離去後錢帛化為冥紙的情節，在東亞、南亞很常見，這個情節通常會和「幽靈產子」的主題結合。學者將這類的故事稱為「幽靈育兒」、「幽靈產子」。

這類故事可能發源自印度，而後在中國、日本都有流傳，講述懷有身孕的母親被害後，在墳地裡產下嬰孩，但死去的母親仍持續照養墓中的孩子。

在墳墓甚至棺材之中，如何供給孩子食物呢？在印度的故事裡，死去母親的屍身已化為骸骨，但兩隻乳房猶在，繼續哺育棺材中的幼嬰。中國和日本所流傳的故事則是鬼母夜半上街，到店鋪裡買食物餵孩子。

日本的故事情節曲折，非常動人：鬼母用自己買通鬼差的陪葬買路錢到鋪子買糖果，但依照日本的喪葬習俗，買路錢是為了能夠通過「六道輪迴」，只有六枚，到了第七日，幽靈只能將樹葉幻化成錢幣買糖果。幽靈走後，老闆發現錢幣化為樹葉，於是跟蹤幽靈來到墳地，聽見鬼魂因拿不出錢買東西餵養小孩，在墳地中哭泣，便請高僧來替幽靈超渡。而後，高僧帶回嬰兒撫養，長大成人的嬰兒也成為高僧。

印度和中國、日本的故事的情節發展雖不盡相同，但這類故事往往都被用於塑造某偉人、名僧的特殊、不凡的誕生，同時，在這類故事裡也可見到鬼魂或幽靈「人性面」的展現，甚至可以說是一種另類「母愛」的展現。

臺灣搜集到的林投姐故事也有類似的情節，但和餵養嬰兒無關。故事描述林投姐漏夜拿著紙錢向小販買肉粽，強調的卻是林投姐「披散著頭髮」、「口裡伸出二三寸長的舌頭來」，一個吊死鬼的恐怖樣貌。

林投姐死後幽魂現身買肉粽的情節，與日本「幽靈產子」故事中展現的溫馨「母愛」氛圍，怎麼差那麼多？故事有時全然不提林投姐是否有孩子，有時則提到林投姐人財兩空之後，孩子飢餓而死。林投姐買粽子不是為了餵養墳地中的幼子，冥紙買食物的情節更傾向於塑造林投姐作祟為厲的恐怖形象，使得居民不堪其擾，便為之立祠，加以祭拜。

立祀解決鬼魂的生活問題

為林投姐立祠的情節，其實有點像人們為未嫁早夭的「孤娘」、「孤婆」立「姑娘廟」。

什麼是「孤娘」？臺灣俗諺云：「尪架桌頂不祀孤婆。」由於女兒無法入祀本家的神主，因而俗稱女兒為「別人家的家神仔」。女子必得於出嫁後、死後列入夫家的公媽，才能享有受祭的權利。未嫁夭亡的「孤娘」由於沒有香火供奉，因此必須透過冥婚鬼嫁，或入祀孤娘廟的方式來得到香煙供養，方不致淪為無主孤魂。

民間信仰相信，早死或絕嗣而無人供奉的鬼魂會成為孤魂。與神明或祖先不同，孤魂由於無人奠祭（也就是沒有活人惦記你），徘徊飄蕩於陰陽兩界，無處可居，無處可去，只好透過作祟的方式向生人「討祀」以尋求安頓。這麼看來，林投姐死後冤魂不散四處作祟的情節，似乎可理解為一種「討祀」的行為。

孤魂討祀的方式，其實不僅止於作祟鄉里。民間也認為鬼魂擁有特殊的靈能，能於暗中相助生人，所以也有林投姐故事講述，林投姐是以幫助賭徒發財為由，向賭徒「討祀」——藉由幫賭徒贏得賭局，換得安身之地以及香火的供養。

認為為林投姐建小廟、加以供奉，就能使冤魂不再作祟鄉里，其實是居民透過人性化的角度重新理解「林投姐」：百姓假設陰魂也與生人有相似的食宿需求，需要香火的供養及遮風避雨的所在。立廟、供奉的行動，消解了人鬼之間部分隔閡，使得厲鬼的性情不再變幻莫測、難以掌握。

不過，儘管祭祀林投姐，但人們並非積極向鬼魂乞求保佑或恩惠，而是消極的希望透過祭拜，滿足陰魂基本的需求，藉以避免惡意作祟。除了賭徒這類相信鬼魂靈力的邊緣人，大家對這類無主孤魂的奉祀如同施捨，不積極建立親密的信仰關係，不深入同理、處理林投姐的冤情——而僅僅是，以物質的供養，來安置一個使得地方不平靜的厲鬼。

連成為鬼魂都無法自由

林投姐故事的另一種結局，注意到的，似乎更是林投姐內心的冤屈與不平。

真心換絕情，走投無路的林投姊自殺後，部分講述者讓林投姐冤屈、憤恨、怨毒的靈魂化為厲鬼，找到負心男子殺之以洩心頭恨意。這樣的情節，是一種替林投姐解除冤情、完成遺願的「救贖」。也就是說，林投姐的遭遇以及遭到背叛、棄擲的哀怨心緒，得到講故事的人及聽者的同情，因而希望能在故事中完成林投姐的遺願、化解林投姐滿腹的冤恨之情。最終，林投姐、說故事的人、聽眾，都在一個蒼天有眼的故事結局中，得到解脫。

但是，為什麼在不貞／失貞的林投姐自殺的情況下，才能開啟犀利鬼妻的復仇？大家有沒有想過，講述者為什麼不安排林投姐在師父的提點下，妙轉人生，成功報復？或者訴諸法律，讓公權力介入懲罰姦夫淫婦？林投姐自殺的情節，似乎透露著許多根深蒂固的文化思維。

首先，林投姐必須要死去方能報復，顯示出現實社會中女性與男性地位、能力的懸殊。林投姐的身分在不同故事中有所變化，有時是被外出丈夫拋棄的妻子、有時是被騙財騙色的純情女子、有時是繼承豐厚遺產而遭無良男子誘姦詐財的寡婦，但這些女子不論身分是否為「元配正妻」，都無力搶救自己的婚姻。

沒有經濟自主的能力、沒有能夠思考的知識能力，甚至因為無知無能以及社會道德約束，形同喪失人身自由與權力。面對男性橫征暴斂的宰制，既無腦又無力的傳統女性，是社會地位的絕對弱勢，因而縱使有合法的身分地位，也無法扭轉乾坤，只能透過死亡的人生終局開啟新的局面，以超越社會框架的、第二度生命的形式（化為鬼），訴諸超自然的力量，變身「異世界」的非常女，才有可能對「常世界」的正常男進行報復。在部分故事中，林投姐死後的陰魂甚至還無法自由移動，必須透過道士或走船人的幫忙，才能順利到達負心漢的居處遂願，足見傳統思維中對女性的想像以及限制，縱使已化為鬼魂，猶無能倖免。

其次，在傳統的觀念中，女性不能有情慾，婚姻更是不能自主，尤其寡婦是否守節更是判斷其人格價值的標準。傳統民間社會對待女性的二分法非常嚴格，不為貞女即是蕩婦，而女性若「道德淪喪」、「道德失守」，幾乎等於失去伸張冤屈的權利，因而不論蕩婦受到多不公正的對待，都不會有人幫忙主持公道。

在已婚的林投姐無能抗拒誘惑，背叛亡夫而出軌，或是未出閣的林投姐把持不住（又或非自願地遭人姦汙）的當下，便已失去了「貞女」所能享有的權利。林投姐在人間無法生存，不只是因為財富被詐取，更是在被無良男子拋棄後，受不了整個社會，甚而是自己帶給自己的道德壓力。

代替天道處罰你的正義女神

不過，林投姐的死亡固然悲慘萬分，但她血腥的報復手段，是否更甚於薄倖男子的惡毒？在故事中，這類矛盾藉由「天命」、「天理」而得到化解。

這把讓林投姐得到復仇權力的鑰匙，就是「自殺」。自殺的情節可以被看作是林投姐對於自己失守出軌的懺悔，就其慘烈程度而言，兩個人其實都付出了失去生命的慘烈代價——也就是說，林投姐其實受到了與負心漢相等的懲罰，其間差別，只在時間先後而已。

林投姐悲慘且具懺罪意義的死亡，帶來被同情的契機。為出軌付出沉痛代價的林投姐，因而能在死後化為厲鬼，以「道德」之劍剿殺泯滅良心的渣男與破壞家庭的小三。可以說，林投姐的殺戮不只是殺死感情中的負心漢，也對勾人妻女的無良男性敲了一記警鐘，具有非常濃厚的訓誡意味，而這樣訓示道德教條的教母，必得是由愧悔自戕的貞烈林投姐來擔任的。

她，與所有被重重枷鎖束縛的古代女性，在復仇成功後，真能得到安寧與自由嗎？

對應課綱

高中：傳統社會中的性別角色

附錄：

參考資料與延伸閱讀

第一部　政治：從前從前，被命運所左右的人生

1／日治時代，那些被寫進課本的「愛國」少男少女

參考資料

- 周婉窈，〈日治末期「國歌少年」的統治神話及其時代背景〉，收入《海行兮的年代：日本殖民統治末期臺灣史論集》，允晨文化，2003，頁1-12。
- 周婉窈，〈「莎勇之鐘」的故事及其周邊波瀾〉，收入《海行兮的年代：日本殖民統治末期臺灣史論集》，允晨文化，2003，頁13-31。

延伸閱讀

- 周婉窈，《海行兮的年代：日本殖民統治末期臺灣史論集》，允晨文化，2003。
- 林克孝，《找路：月光・沙韻・Klesan》，遠流，2009。
- 蔡元隆等著，《圖解臺灣教育史》，五南，2014。

2／當住在這裡好久的我們，突然與「國語」相遇

延伸閱讀

- 李壬癸，《珍惜臺灣南島語言》，前衛，2010。
- 謝世忠，《認同的污名：臺灣原住民的族群變遷》，玉山社，2017。
- 方惠閔、朱恩成、余奕德、陳以箴、潘宗儒，《沒有名字的人：平埔原住民族青年生命故事紀實》，游擊文化，2019。

3／二二八事件後，定格在泛黃報紙中的生命

延伸閱讀

- 呂東熹，《二二八記者劫》，玉山社，2016。
- 吳家銘，《高雄二二八》，台語傳播企業有限公司，2020。
- 王御風，《高雄社會領導階層的變遷（1920~1960）》，玉山社，2013。

4／經歷霧社事件，走過二戰與白色恐怖的下山家族

參考資料

- 下山一自述、下山操子譯寫，《流轉家族：泰雅公主媽媽、日本警察爸爸和我的故事》，遠流，2019。
- 下山一自述、下山操子譯寫，《流與轉：下山爺爺的故事》，2008。

- 森丑之助，《臺灣蕃族志》第一卷，1917。
- 鄭安睎，《日治時期蕃地隘勇線的推進與變遷》，國立政治大學民族研究所博士論文，未出版。
- 鄧相揚，《霧重雲深：霧社事件後，一個泰雅家庭的故事》，玉山社，1998。
- 鄧相揚，《風中緋櫻：霧社事件真相及花崗初子的故事》，玉山社，2000。
- 朱惠足，《帝國下的權力與親密：殖民地台灣小說中的種族關係》，麥田，2017。
- 徐如林、楊南郡，《能高越嶺道：穿越時空之旅》，行政院農業委員會林務局，2016。
- 戴國煇著、魏廷朝譯，《臺灣霧社蜂起事件研究與資料》（上冊、下冊），國史館，2002。
- 林淵霖、林慧君，《閱讀父親》，2016。
- 仁愛鄉公所，《仁愛鄉志》，2008。

延伸閱讀

- 下山一自述、下山操子譯寫，《流轉家族：泰雅公主媽媽、日本警察爸爸和我的故事》，遠流，2019。
- 鄧相揚，《霧重雲深：霧社事件後，一個泰雅家庭的故事》，玉山社，1998。

第二部　經濟：古往今來，人人都想發大財

1／偶爾出海打劫的小賊，搖身一變成為「海皇帝」

延伸閱讀

- 李若文，《海賊王蔡牽的世界》，稻鄉，2011。
- 盧正恒，〈不是鄭成功！史上第一個攻打熱蘭遮城的人是他——海賊王劉香〉，故事 StoryStudio 網站刊載。
- 戴寶村策劃，蔡承豪等撰，《小的台灣史》，玉山社，2012。

2／那些年，齊聲向慣老闆 SAY NO 的勞動者們

延伸閱讀

- 李筱峰，《臺灣史 100 件大事（上）戰前篇》，玉山社，1999。
- 連溫卿，《臺灣政治運動史》，稻鄉，2003。
- 蔣朝根編著，《自覺的年代：蔣渭水歷史影像紀實》，國父紀念館，2009。

3／戰後初期的臺灣農民，手中的稻米何去何從？

延伸閱讀

- 吳音寧，《江湖在哪裡？台灣農業觀察》，印刻，2007。
- 劉志偉，《美援年代的鳥事並不如煙》，啟動文化，2012。

4／沒有名字的造船人，和他們在造船界浮沉的人生

延伸閱讀

- 王御風，《鋼板在吟唱：台灣造船故事 1916-2008》，高雄市政府文化局，2008。
- 陳政宏，《造船風雲 88 年：從台船到中船的故事》，行政院文化建設委員會，2005。
- 高雄市政府海洋局，《海洋傳奇：見證打狗的海洋歷史》，高雄市政府海洋局，2005。
- 韓碧祥，《韓碧祥回憶錄：從鄉下賣魚郎變成台灣造船王》，新視界國際文化，2014。
- 林立青，《做工的人》，寶瓶文化，2017。

第三部　移民：移動的人，與他們的產地

1／私渡臺灣的移民，與他們的海上大冒險

延伸閱讀

- 戴寶村，《台灣的海洋歷史文化》，玉山社，2011。
- 曾樹銘、陸傳傑，《航向台灣：海洋台灣舟船志》，遠足文化，2013。
- 陳國棟，《記憶、海洋與尋常歷史》，淡江大學出版中心，2020。

2／烽火下的軍夫軍屬，被埋葬於時代的喧囂中

延伸閱讀

- 李展平等著，《烽火歲月：臺灣人的戰時經驗》，國史館臺灣文獻館，2005。
- 謝啟文，《安平軍夫的故事》，財團法人安平文教基金會，2012。
- 蔡金鼎主編，《征憶：高砂義勇隊與國共戰爭時期原住民軍人口述歷史》，原住民族委員會，2015。

3／太陽旗下，那些投奔新中國的臺灣人

延伸閱讀

- 中研院近史所口述歷史編輯委員會，《口述歷史第五期：日據時期台灣人赴大陸經驗專號之一》，中央研究院近代史研究所，1994。
- 中研院近史所口述歷史編輯委員會，《口述歷史第六期：日據時期台灣人赴大陸經驗專號之二》，中央研究院近代史研究所，1995。
- 鍾淑敏，《日治時期在南洋的臺灣人》，中央研究院臺灣史研究所，2020。

4／「香料奶茶」茶香中，失根的華新街住民

延伸閱讀

- Richard Cockett 著，《變臉的緬甸：一個由血、夢想和黃金構成的國度》，馬可孛羅，2016。

- Guy Delisle 著，《緬甸小日子》，臉譜，2020。
- 趙德胤導演，電影《華新街記事》，金馬電影學院作品，2009。

第四部　藝文：舞文弄墨，也有你不知道的眉角

1／回到一百年前，口沫橫飛「說」電影

延伸閱讀

- 陳君愷，《狂飆的年代：1920 年代台灣的政治、社會與文化運動》，日創社，2006。
- 賴淳彥，《蔡培火的詩曲及彼個時代》，吳三連台灣史料基金會，1999。
- 戴月芳，《蔣渭水 VS 林獻堂：兩位台灣民族運動先驅》，五南，2014。

2／無論國旗怎麼換，都放不下畫筆的藝術家們

參考資料

- 文貞姬著，李定恩譯，〈金剛山、圓山、樂土之表象：論東亞殖民地官設展覽會〉，《現代美術學報》第 30 期：頁 63，2015。
- 李孟學，〈臺灣書畫的範式轉移——從正統國畫之爭談起〉，《臺灣美術》第 103 期：頁 44-61，

2016。

- 李欽賢，《色彩．和諧．廖繼春》，雄獅，1997。
- 李澍奕，〈第一回臺灣美術展覽會之召開〉，《國史館臺灣文獻館電子報》，第 127 期（2008.07.27）。
- 林曼麗，《臺灣視覺藝術教育研究》，雄獅，2000。
- 門田晶，《日治時期大稻埕與城內美術活動之比較》，國立政治大學臺灣史研究所碩士學位論文，2012。
- 夏亞拿，《暗潮洶湧的藝壇：戰後初期台灣美術的動盪與重整(1945-1954)》，國立臺灣大學藝術史研究所碩士論文，2012。
- 黃瑩慧，〈風景內外〉，《歷史文物》第 18 卷第 3 期：頁 24-35，2008。
- 廖新田，〈臺灣戰後初期「正統國畫論爭」中的命名邏輯及文化認同想像（1946-1959）：微觀的文化政治學探析〉，《美麗新視界：臺灣膠彩畫的歷史與時代意義學術研討會論文集》，頁 150-182，2008。
- 廖瑾瑗，《四季．彩妍．郭雪湖》，雄獅，2001。
- 臺展資料庫網站，〈南國美術殿堂——台灣展傳奇〉。
- 蕭瓊瑞，〈在素樸與典雅之間——郭雪湖獨特的生命與畫風〉，《歷史文物》183，頁 6-17，2008
- 蕭瓊瑞，《戰後台灣美術史》，藝術家，2013。
- 謝里法，〈從第一屆全省美展創立過程探討終戰後臺灣新文化之困境〉，發表於網站「臺灣省政府全省美展數位美術館」。

・謝里法，《日據時代台灣美術運動史》，藝術家，1995。

延伸閱讀

・潘家欣，《藝術家的一日廚房：學校沒教的藝術史：用家常菜向 26 位藝壇大師致敬》，大寫出版，2019。
・謝里法，《紫色大稻埕》，藝術家，2009。

3／如果一九四〇年代有臉書，當代文青都在哪打卡？

參考資料

・呂赫若，《呂赫若日記》，印刻，2005。
・王文仁，〈張星建及其文藝之道：以《南音》、《臺灣文藝》為考察中心〉，東吳中文學報第 23 期，327-352，2012。
・曾品滄，〈鄉土食和山水亭：戰爭期間「臺灣料理」的發展（1937-1945）〉，收入《中國飲食文化》第 9:1 期，113-156，2013。

延伸閱讀

・垂水千惠，《奮鬥的心靈：呂赫若與他的時代》，國立臺灣大學出版中心，2020。
・呂赫若，《呂赫若日記》，印刻，2005。
・張我軍等著，《春風少年歌：日治時期臺灣少年小說讀本》，文訊雜誌社，2018。

第五部　信仰：神鬼傳奇，藏著的都是人心

1／流落墾丁的荷蘭公主，以及殞命臺島的異鄉人

參考資料

- 石文誠，〈荷蘭公主上了岸？一段傳說、歷史與記憶的交錯歷程〉，《臺灣文獻》60:2，2009。
- 江海，《悠悠蒼天：荷蘭公主玉殞墾丁記》，屏東縣政府文化局，2005。
- 《臺灣通志》〈疆域篇〉，臺灣銀行，1962。
- 李毓中、吳佰祿、石文誠編，《艾爾摩莎：大航海時代的臺灣與西班牙》，國立臺灣博物館，2006。
- 中研院，《中國海洋發展史論文集》，中研院中山人文社會科學研究所，1999。
- 溫振華，《臺灣原住民史：政策篇（二）清治時期》，國史館臺灣文獻館，2007。
- 李仙得著，《南台灣踏查手記：李仙得台灣紀行》，前衛，2012。
- 屠繼善，《恆春縣志》，臺灣銀行，1960。
- 中華書局編輯部李書源整理，《籌辦夷務始末》，中華書局，2008。

延伸閱讀

- 費德廉，《看見十九世紀臺灣》，如果，2006。
- 翁佳音、黃驗，《解碼臺灣史 1550-1720》，遠流，2017。

2／清代臺灣，在祖先和上帝間選邊站的基督徒們

延伸閱讀：

- 王政文，〈改宗所引起的家庭與人際衝突：以十九世紀臺灣基督徒為例〉，收入《臺灣文獻》第63卷4期，頁3-32，2012。
- 王政文，《天路歷程：清末臺灣基督徒的改宗與認同》，國立臺灣大學出版中心，2019。
- 陳清水，《基督教對當前臺灣祖先崇拜之探討》，基督教橄欖基金會，1985。
- 黃伯和等著，《基督徒與祭祖》，雅歌出版社，1994。

3／浴火重生的將館，以及將魂永存的家將們

延伸閱讀：

- 呂江銘，《台灣家將大全（溯源總論卷）》，石渠出版，2021。
- 謝宗榮，《圖解台灣廟會文化事典：廟會實境╳角色轉換╳進香遶境╳祈福拜拜》，晨星出版，2020。

4／反映傳統女性不平等待遇，林投姐的兩種結局

延伸閱讀

- 黃萍瑛，《臺灣民間信仰孤娘的奉祀》，稻鄉，2008。
- 上野千鶴子，《厭女：日本的女性嫌惡》，聯合文學，2015。

國家圖書館出版品預行編目資料

不能只有我看到！臺灣史上的小人物大有事/故事StoryStudio著. -- 初版. -- 臺北市：圓神出版社有限公司, 2021.06
288面；14.8×20.8公分 --（圓神文叢；299）

ISBN 978-986-133-768-5（平裝）
1.臺灣史 2.通俗作品
733.21 110005756

Eurasian Publishing Group
圓神出版事業機構
用心與你對話．視野無限寬廣
圓神出版社
Eurasian Press

www.booklife.com.tw reader@mail.eurasian.com.tw

圓神文叢 299

不能只有我看到！臺灣史上的小人物大有事

作　　者／故事StoryStudio
插　　畫／楊綠早
發 行 人／簡志忠
出 版 者／圓神出版社有限公司
地　　址／臺北市南京東路四段50號6樓之1
電　　話／（02）2579-6600・2579-8800・2570-3939
傳　　真／（02）2579-0338・2577-3220・2570-3636
總 編 輯／陳秋月
主　　編／賴真真
專案企畫／賴真真
責任編輯／吳靜怡
校　　對／吳靜怡・林振宏・廖貽柔
美術編輯／蔡惠如
行銷企畫／陳禹伶・林雅雯
印務統籌／劉鳳剛・高榮祥
監　　印／高榮祥
排　　版／莊寶鈴
經 銷 商／叩應股份有限公司
郵撥帳號／18707239
法律顧問／圓神出版事業機構法律顧問　蕭雄淋律師
印　　刷／國碩印前科技股份有限公司
2021年6月　初版

定價390元　ISBN 978-986-133-768-5
版權所有・翻印必究
◎本書如有缺頁、破損、裝訂錯誤，請寄回本公司調換
Printed in Taiwan